爱生活如爱啤酒

LOVE LIFE AS BEER

王竞 著

CNS 湖南文艺出版社 HUNAN LITERATURE AND ART PUBLISHING HOUSE 博集天卷 CS-BOOKY

图书在版编目（CIP）数据

爱生活如爱啤酒 / 王竞著 . -- 长沙：湖南文艺出版社，2021.4

ISBN 978-7-5726-0106-4

Ⅰ . ①爱… Ⅱ . ①王… Ⅲ . ①中德关系 – 文化交流 – 研究 Ⅳ . ①G125②G151.65

中国版本图书馆 CIP 数据核字（2021）第 035998 号

上架建议：文化随笔

AI SHENGHUO RU AI PIJIU
爱生活如爱啤酒

作　　者：王　竞
出 版 人：曾赛丰
责任编辑：刘雪琳
监　　制：秦　青
策划编辑：张　卉 列　夫
文字编辑：陈　皮
营销编辑：杜　莎
封面设计：潘雪琴
版式设计：谭　锴
出　　版：湖南文艺出版社
　　　　　（长沙市雨花区东二环一段 508 号　邮编：410014）
网　　址：www.hnwy.net
印　　刷：三河市百盛印装有限公司
经　　销：新华书店
开　　本：875mm×1270mm　1/32
字　　数：192千字
印　　张：9.75
版　　次：2021年4月第1版
印　　次：2021年4月第1次印刷
书　　号：ISBN 978-7-5726-0106-4
定　　价：49.80元

若有质量问题，请致电质量监督电话：010-59096394
团购电话：010-59320018

目录

刘慈欣：坐在上帝家里聊科幻 ⋯ 002

亲爱的余华 ⋯ 021

北岛：诗人下厨 ⋯ 033

谁在德语区等麦家 ⋯ 043

王刚和《英格力士》的德国遇险记 ⋯ 055

王安忆：重回北德 ⋯ 063

君特·格拉斯：他拔腿一走，结束了一个时代 … 072

施密特：那个解释世界的人 … 081

叙事人席拉赫 … 090

柏林：一个中国建筑的神话 … 104

伯施曼：陌生的名字　伟大的记录 … 116

埃贡·西勒："战争结束了，我也要走了" … 129

弗洛伊德的汤姆 … 139

毕加索和一个梳马尾辫的模特 … 164

"编外教授"高立希 … 174

一个"老东"的出走与回归 … 196

再唱《欢乐颂》 … 212

像朗读诗歌一样朗读宪法 … 216

康定斯基的彩色人生 … 220

汉娜·阿伦特：有温度的世纪化身 … 224

C

听听齐泽克怎么说 … 238

治愈系的圣诞树 … 246

被德国人误读的《乌合之众》 … 253

作家之夜 … 258

柏林电影节和科斯里克的红围巾 … 264

"最政治"的法兰克福书展 … 273

长颈鹿与天坛 … 283

你再也上不了黑名单 … 287

为什么是橡树 … 291

爱生活如爱一杯啤酒 … 295

黑格尔离我们并不远 … 299

刘慈欣：坐在上帝家里聊科幻

出场

2018 年 10 月 12 日，刘慈欣在德国时间 18:15 准时降落法兰克福机场。他的德国出版社海纳的公关经理巴伐利亚女士先于他两个小时从慕尼黑飞到法兰克福，在机场等他。我安排的中国志愿者也及时到达机场配合迎接，然而刘慈欣却没有出现。

此时，我正站在法兰克福市中心的街头。因为餐厅里的网络不好，我走出来和刘慈欣用微信沟通。他找不到出口，觉得自己上的楼层不对。我告诉他不存在选择楼层的问题，出机场只有一条通路。我们用微信回复来回复去，两位守住机场出口的女士焦急万分。

至今我都不知道法兰克福机场和刘慈欣之间发生了什么。19:22 我终于听到"接到了"这三个字。回到餐厅，一桌子参加法兰克福书展的朋友笑着说：看来这位科幻作家虽然深知宇宙，对地球却可能还不太熟悉。

第二天，我去他下榻的肯尼迪别墅接他，汽车开过大桥，朝书展方向驶去。他很感兴趣地看了一眼开阔平静的美因河。每次出国，他跟所到城市的接触方式，几乎都是单一地从车窗瞭望。因此他也回答不出记者关于城市印象的问题。

他只有一天时间在法兰克福书展上，之后我们安排他去埃森、汉堡和柏林，完成一个由兰登书屋、孔子学院总部和法兰克福书展共同组织的"刘慈欣德国科幻之旅"。这一天有五个公众场登台及数不清的采访，上午 10 点开始，到晚上 9 点半结束，中间只有半个小时吃饭休息。他来德国之前我就警告过他，这一天会很可怕，他只简单地回了三个字：没问题。

10 月中旬的法兰克福天气反常，气温在 26 摄氏度上下。刘慈欣穿了一件黑衬衫，不用熨的那种质料，扎在深蓝色的牛仔裤里。这条裤子是他在赫尔辛基被狗咬了以后买的，很合身。去年他去芬兰开世界科幻大会，会场上一只小狗直奔他来，隔着裤子咬破了他的大腿。我们走到书展上德国兰登书屋的大展台，他的德国编辑塞巴斯蒂安欢迎他的第一句话就是："我们这里没有狗，哈哈！"刘慈欣跟着笑了笑，很节制，是不善交际的人表达的那种礼貌。

跟他的德国出版商交流的 15 分钟内，很多媒体的镜头和闪光灯都对着他。他有些不自在，但是努力忽略周围高密度的关注，而是把自己的注意力集中在对提问的回答上。接下来的几天，他一直都是这么做的，以至于他的公关经理巴伐利亚女士有一次忍不住建议他，不必对每一个问题都严阵以待，您是国际著名的大牌作家，完全可以放松些，甚至还可以调侃一下记者们嘛。但是我猜，这是他给自己设定的对策：每次走出阳泉的家门，不得不出现在中外公众视野里的时候，刘慈欣把自己的注意力集中在对内容的应答上，这部分是他擅长的；借此躲避公众对他投注的汹涌热情，这是他天性中难以适应的那部分。"听说过间谍性格这个词吗？"有一次他问我，"跟间谍没关系啊，是指不喜欢被别人注意到，而是愿意站在人群之外观察他人。我就是这种性格，没办法。"

但我觉得，他的谦逊和拘谨，更是他有意设计的与这个世界的距离。有了这段距离，他才能在他的科幻世界里存活，同时在现实世界里游走。

刘慈欣 55 岁，没有一点肚子，双腿修长，很年轻帅气的体形。除了遗传，可能还得益于每天跑步 10 公里的自律。他的头发剪得短到贴头皮，除了鬓角处有几根灰发，还都是乌黑的。这个利索的发型更突显他的圆形脸庞。脸上架一副时不时要往上推一下的黑框眼镜。走到阳光灿烂的室外，他通常要拿出一个粉红底带黑圆点的眼镜盒，一看就是出门前从家里随手拿的。他给自己换上有近视度数的墨镜，把原来那副眼镜收进眼镜盒，再放到瘪塌的、半新不旧的双肩背包里。

除了那个与他十分不搭的眼镜盒，他的双肩包里还有护照、烟、笔，还有一个很小的玻璃瓶，里面装着半干半湿的红辣椒。他不带托运行李，所以也不能随身带辣椒酱。所有细节都考虑得非常精准。包里还有一个保温杯，装了他在酒店房间里给自己备好的茶水。他不需要人照顾，也不愿意麻烦任何人。

就是这个包，在书展上马不停蹄的奔波中丢了一回。做完一场对谈后，书展安排了刘慈欣短暂地为读者签名。队伍排得很长，为了保证他那一天中唯一的 30 分钟休息时间，我和巴伐利亚女士商量好，把长队拦腰截断，告诉后面的人改排晚上 6 点的那场签售。刘慈欣批评了我几句，说排在后面的是等待时间最长的人，我们这么做是不对的。我们也不与他争，直接把他护送到休息的地方。本来一直有人抢着帮他拿包，但签售时他自己把包要过来，从里面取出了签字笔，之后包就不知去向了。

他坐下来快速梳理了一下思路，确定包是在签书的时候丢的。书展是专业和非专业小偷大行其道的场所。非专业的偷书，专业的偷包。巴伐利亚女士一听，二话不说就返回活动现场。10 分钟后，当她拿着刘慈欣的背包返回时，我们都恨不得给这位兰登集团经验最丰富的公关经理授一枚勋章。奇迹发生在刘慈欣的身上：巴伐利亚女士赶到时，包还躺在他签书的椅子下面，东西一件不少。我们当场立下两条规矩：

从此他的包都由他自己背，每次签书都要签完最后一个排队的人。

成功

法兰克福书展广场中央搭建了一个很有科幻感的法兰亭，外面看似一个巨大的贝壳，里面则像一个未来世界。这里是国际著名作家们登场的大舞台。德国明星电视主持人，有当代"文学教皇"之称的丹尼斯·谢克问舞台上的刘慈欣："您抽烟吗？"

"抽。"

原本是一场两个男人之间很正常的对话。谢克话锋一转："您以相信科学而著称。科学教育我们，抽烟有害健康。您为什么还抽？"

挤得水泄不通的台下观众发出短暂的笑声，又马上收敛住，大家都急于想听刘慈欣怎样应对"教皇"的挑衅。

"如果世界上的人，尤其是男人，都如此具有自制力，人类早就登上火星，飞出太阳系了。"

全场掌声雷动。我们这个时代极具想象力的科幻作家还如此本真。

各种迹象表明，刘慈欣在西方实实在在地火了。《纽约客》赞美他为中国的阿瑟·克拉克，刘慈欣本人最敬重的英国经典科幻作家。谢克从 2017 年就在他的电视节目里力捧《三体》，说这是他 30 年来读过的最激动人心、最具创新力的科幻小说，并放言："《三体》拯救了 21 世纪的科幻文学。"

无论走到哪里，都有刘慈欣的粉丝拦住他，"基本上两米一停"，德意志广播电台跟录制的记者说。粉丝们拿着中文、德文、英文等各语种的书请他签名，有的版本是作者本人从未见过的。还有人拿着他的各种照片，打印成高光、亚光的大小尺寸伸到他跟前。他一律埋头认真签字，之后抬头与每位粉丝端正地合影。这情形颇像一位没有敌意的外星人到达地球，渴盼他已久的支持者从各个地方冒出来，亮明身份，与他聚合。

这还不算，媒体的关注度也绝不亚于粉丝。在柏林安排的媒体采访日，每家媒体，无论大小，都只能领到半小时的采访时间。德国及瑞士的记者们头一天就从各地赶往柏林，做好准备。刘慈欣则被大量重复的问题搞得疲惫不堪，同时又觉得在我面前很丢面子：我这个帮他口译的人，见证了他的大量自我重复。我和巴伐利亚女士讨论之后告诉他，以他现在在国际公众舆论中的重要地位，对同一类问题的一致性回答的确必要。请务必重复下去。

就连一直对中国图书兴趣索然的德语区出版社也开始主动问询中国当代文学作品。刘慈欣的作品在西方成功登陆了，可能中国还有其他好书？一个作家的作品在西方市场的全方位突破，给对方带来的信心值增长是不可低估的。

《三体》的成功已经成为一个世界级的现象，然而没有人说得清为什么。刘慈欣不仅摘取了世界科幻文学的桂冠——雨果奖，而且图书也在欧美市场上一路畅销。比如在德国，他是有史以来唯一登上德国最权威的《明镜周刊》图书畅销榜的中国作家。一位大连锁书店的经理告诉过我，科幻读者在德国也是小众人群，更别提刘慈欣写的是以科技为出发点的硬科幻了。由此我们可以准确地推测，《三体》的读者远远超过了科幻迷人群，伸展到了社会各界。

包括中国的科幻读者群，也因《三体》发生了变化。以前主要是中学生和大学生读科幻。科幻就好比一辆公共汽车，读初中的时候上车，大学毕业就到站下车。但是，《三体》出现后，很多人留在了车上。同时，各行各业的人，如 IT、投资圈、航空业，甚至军队的读者也大量加入进来。

刘慈欣本人也无法对此现象做出解释。他如实地与德国公众分享了他的困惑：10 多年前写《三体》的时候，他还在一家火电厂当工程师，业余写科幻，根本没有想到他的小说有一天会被外国人读到。按照当时的情形，能赢得一些中国读者就很不容易了。科幻在中国其实是一个相当边缘的文学体裁，感谢鲁迅从西方引进了科幻文学，在 20 世纪 50 年代有过短暂的繁荣，而 1983 年的一场政治运动，使得这个舶来品一夜之间销声匿迹。到了 20 世纪 90 年代中期，科幻在中国得到复苏，但不是因为科幻本身，而是政府看中了科幻普及科学知识的功用。《三体》至今在国内获得的最高国家奖项是儿童文学奖。所有人听到这里都笑出声来。刘慈欣很会用幽默调和苦涩。

好像他还相当反感文学之外的虚幻想象，一路上坚持用理工男的务实态度打碎外界对他的传奇化。

好几位德国记者都问："奥巴马是怎么发现你的作品的？"

"不知道。他没告诉我。"

"奥巴马跟你聊了什么？"

"就说了一句话，他问我的下一本书什么时候写完。"

奥巴马的着迷，扎克伯格的追捧，都多少给《三体》加了油。但这都不足以支持它在欧美的长销不衰。《三体》自身成了一个奇迹。

对头顶光环的人，有一个问题经常被德国记者们提出来："《三体》取得世界性的成功后，您的生活发生了哪些改变？"

"跟你们想象的反正不一样，"刘慈欣回答说，"我生活在中国的一个五线城市，那里的人们对科幻不感兴趣。我没有受到多大的打扰。"

"没有受到多大的打扰"是一个伪命题。也许距离北京400多公里的阳泉的确不怎么打扰他，但是全国和世界各地对他都相当感兴趣。事实上，拒绝打扰才是正确的说法。和刘慈欣相处的几天，我们一起坐汽车、乘火车，在德国境内从南到北、由西向东行进，他的手机经常接到国内的来电，其他通过微信、邮件进来的无声邀请更是频繁。他基本都拒绝。经纪人以没有时间为由替他婉拒了一些高大上的邀请，他纠正说，要准确地告诉人家，是不想参加，免得人家惦记着改时间。"作家的最好选择就是远远躲在他的书后面，该说的书里都说了。"他这样在德意志广播电台的采访里说。

拒绝打扰还有个前提，就是不为所动。那么打动他的是什么呢？

"您常仰望星空吗？"德国发行量最大的报纸《图片报》的记者问。

"我住的地方空气不太好，经常看不到星星。"又一个给崇拜感降温的答复。

他还掐灭了人们对他的另一种想象，即在与世隔绝的地方工作，在大孤独中写出关于人类宇宙的大科幻小说。有些德国媒体不小心犯了小儿科错误，说他在阳泉出生，一辈子没离开过家乡 —— 听起来活像一个当代康德。刘慈欣其实是在北京出生的，两岁时父亲被下放到阳泉，一家人落户到了山西的这个煤城。父亲参过军，转业至北京的煤炭设计研究院，后来遭下放当了矿工直到退休。退休不久即离世，很多常年下井的人逃不过的命运。

刘慈欣从来不是与世隔绝的人，在火电厂上班时，每个月都要去北京出差，有时还要去欧洲出差，比如跑过西门子所在的几个欧洲城市，一走就一个月。

德国《时代周刊》在他来德国之前的一则预热报道中，讲对了一个事实：小学生刘慈欣看过凡尔纳的《地心游记》后，本以为书中的一切都是真事。父亲告诉他，这叫科幻。他第一次被人类的想象力震撼，慢慢成了科幻迷。"我是从科幻迷变成写科幻的。"带着敬畏感前来的记者们听到的全是这种事实陈述。

有时我想，他跟我们待上几天心里一定很乏味，只是尽一个作家之职完成写作以外的推广任务而已。我们都不是他的科幻同类。德国之旅结束后，11月8日他将在美国华盛顿D.C.西德尼哈曼剧院领克拉克想象力服务社会奖。他对去美国有点兴奋，因为那里是世界科幻的大本营，在那里有人能真正地跟他聊科幻，比如和乔治·马丁早就约好了。"你们怎么聊呢？"我很好奇。

他想了想："首先，你得至少看过1000本科幻小说才能懂科幻是什么。"我被吓了一跳。他一路上都在念念叨叨各国科幻作家的名字和作品，任凭什么人提到什么书，他都答以"看过"。有时，回答一个能调动起他积极性的问题时，他会干脆讲一个科幻故事或某个情节。这是个自备一座科幻图书馆上路的人。不少小说他读的是英文原文，因为没有中译本。渐渐地，我们开始怀疑他故意掩盖自己的英文水平，可他强调，他可以用英文读，因为他必须读这些书；但是英文的听和说是真的不行，因为没有机会练习。

未来

其实，跟刘慈欣可以聊任何话题。从读者到媒体，德国人没怎么向他打听关于中国的事情，除了像"为什么写未来要从写'文革'开始"这样非问不可的问题。一个有意思的现象是，大家都把欧洲人正在关心和思考的问题拿出来问他，从星空问到蚂蚁，从歌德问到巴赫，从人工智能问到哲学，从政治问到道德。

"您可以拒绝，但拒绝了也没用，您已经摆脱不掉未来预言家的身份了！"一位德国的中国通幽默地给刘慈欣贴了个标签。

"把科幻当作对未来的预言，这是一个很大的误会。"刘慈欣不接这个球。

"《1984》不就是一本预言得挺准的科幻小说吗？奥威尔在21世纪的衣钵传人是位中国人，对此我们一点都不感到惊奇！"中国通这样把刘慈欣介绍给各位。在这个临时安排的晚餐会上，有德国人工智能发展中心、未来研究所和欧洲最大的应用科学研究协会等专家在座，硬科幻碰上了硬科学。

"我记得有两本科幻小说是以年代命名的，"刘慈欣不紧不慢地说，"除了奥威尔的《1984》，还有阿瑟·克拉克的《2001》，它们都不是预言。有个有意思的说法，真正的 1984 年和书中的不太像，这本书的存在可能也是导致不像的一个原因。"

全屋静了一秒钟之后，对这句话快速反应过来的科学家们都击掌叫好。这些高智商人士觉得，和刘慈欣共进晚餐的这个夜晚让人十分过瘾。他们中的大部分人都读过《三体》，并不因为科幻的虚构性轻看小说家，反而被他强大的想象力折服。"他小说里的科学构造充满逻辑性，在此基础上生成的想象很有说服力，很对我们的胃口，找时间我再仔细琢磨一下他的量子力学部分是否都成立。"柏林自由大学的数学和计算机科学教授克里斯多夫碰杯的时候对我说。我被他逗得哈哈大笑。"别忘了《三体》是本小说！"我提醒他。"是一部了不起的小说，对我们的启示很大。"克里斯多夫一边点着头说，一边继续保持他严肃的态度。

到了德国不谈哲学很难，哲学中的终极问题也是刘慈欣在科幻里探索的问题。我猜，这也是《三体》尤其吸引德国人的地方吧。刘慈欣认为，和科学相比，哲学反而更像科幻，因为科学只有一个世界图像，哲学则不然，一大堆哲学家面对同一个世界提出不同的世界图像，如同各位科幻小说家写出不同的宇宙和人类的未来。

那么，《黑暗森林》里描述的黑暗宇宙图景，是刘慈欣先生本人所相信的未来吗？这是一路上被追问得最频繁的话题。人类的前景是乌托邦还是反乌托邦？是光明或是黑暗？这位从科学幻想角度对未来进行深思的当代思想家，可否给我们一个答案？

刘慈欣此时一脚踏进的2018年的西方，正被科技带来的负面效应搅得忧心忡忡：全球气候变暖、数字监控操纵的个人隐私被剥夺、基因工程生命科学对人这个物种带来的挑战、人工智能可能造成的未来大规模失业等等，使得西方社会对科技及未来充满了怀疑和悲观主义基调。

刘慈欣首先阐述科幻不是未来学："科幻小说家做的事情，就是把宇宙和未来的不同可能性排列出来。《三体》中描述的是众多可能性中的一种，也是最黑暗的一种。我觉得，向读者指出所有可能性中最坏的那个，提醒他们对未来做好准备，是一个负责任的做法。"

"所以说，《三体》是您的一个思维游戏，不是您的世界观？"

刘慈欣表示认可："游戏这个词用得很准确。"

"那么，您本人相信的未来到底是什么？"雅克布是欧洲著名的科幻书店"他国"的合伙人，《三体》的英文和德文版在他们书店销量一直排名居首。作为骨灰级的科幻迷，他被《三体》困扰已久。刘慈欣的作品和世界上的科幻文学都不一样，在刘慈欣设定的黑暗宇宙社会中，雅克布总能读出些亮光。是他读错了吗？

"我的作品和大多数西方科幻的不同在于，我会试图描写光明。"刘慈欣坦白地说，"这可能和我生活在中国有关。生活在中国有一种感觉和世界别处不同，就是未来感。"

"而且，"刘慈欣接着说，"我们也深知科技会带来各种负面效应甚至灾难，比如，20世纪的华约北约核对抗，就差点把人类毁掉。我做过一个思维游戏，假如说，人类历史上的伟大进程都发生了，如文艺复兴、启蒙运动、宗教改革，但是，这三个伟大的实践却没有催生科学革命，那么人类社会会是什么样子？是否会比现在好？这是一个很有意思的问题。我个人的意见是，在人类的各种知识体系中，科学知识体系还是最有效的。科学技术的最大危险，就是其停止发展。中国的知识界也不认同我的这个观点，但作为工程师出身的科幻作家，我不得不意识到这个现实。从长远来看，地球上的一切都有一个尽头。而科技革命是唯一避免这个终点的因素。人类有可能成为走出地球、在宇宙中大规模扩展文明的一个物种。这可能就是我们的终极目标，而这个终极目标的实现只能依靠科学技术。我们人类是否有一个美好的未来，取决于我们对未来的选择。如果做出错误的选择，很可能会出现科幻小说中描写的很黑暗的未来。"

德国的著名公知兼科幻作家达特说，西方的哲学已经走到了一个死胡同，他们相信只有能被证实的东西才是真实的，那些既不能证明其真、又不能证明其伪的东西，就被判为不重要。然而，这样做却恰恰忽略了对可能性的预测和想象。现在全世界的科幻文学里，对未来的可能性的预测和想象，没有比刘慈欣更出色的了。这也是刘慈欣的科幻文学最独特的地方。以前的科幻小说里，用一个想象就能撑起一个故事。而《三体》里的想象与发明有上百种。这部译成德文有 2000 多页的巨著里，还有包罗万象的科学、文学、历史、哲学等主题，以及从严密的科学思维中滋长出来的诗意。

歌德在《威廉·迈斯特的学习时代》里说：我若爱你，与你何干？德国人很高兴刘慈欣在他的小说里引用了这句歌德的话，刘慈欣也承认歌德是他喜欢的作家。

《黑暗森林》中"三体文明"对人类的态度却是：我若毁灭你，与你何干？

面对在《三体》里建立了宇宙社会学的刘慈欣，达特拎出了道德这个概念来发问。他发现刘慈欣的书中对道德判断保持了谨慎的距离。

刘慈欣微微侧着头，在思考中回答："很多人根深蒂固地认为，人会变，世界会变，只有道德是永恒的。就像康德，把心中的道德定律和头顶的星空相提并论，但我认为这是一个幻觉。道德随着所处的自然、技术和社会环境变化，如果不变，无异于自取灭亡。"

达特频频点头，然后面对观众说："这就是为什么我评价《三体》具有双重的思想开阔性，因为除了巨大深远的时空描写，《三体》也给每个读者提供了自己探索道德结论的多种机会。"

科幻

"越南也有写得很不错的科幻小说，可是有谁关注呢？"刘慈欣认为，《三体》的成功和他所生活的国家激增的科技实力是分不开的。这是这个文学体裁的特性之一。科幻的另一个特性是，它可能不会存在很久了。刘慈欣对此清醒得有些可怕。科技会杀死科幻小说，因为我们几乎已经生活在科幻小说描述的世界里了。科幻小说里描写的东西一旦被实现，小说会立刻变得平淡无奇。

"您打算写到没有科幻小说的那一天吗？"北德电视台的主持人问道。

"我有信心成为中国最后一个科幻作家。在一切变得平淡无奇之前，我要尽快把东西写出来。"

台下一片掌声鼓励。

了解他的人都很清楚，刘慈欣已经 8 年没有新作问世了。他还在写作中。

刘慈欣唯一的一次情感流露，还是通过一个间接的表达。在世界思想论坛的对话场，他陈述自己所处的文学传统："现在的美国科幻不再关注星空和探索，把目光收回到人自身的问题。而我还在固执地守着过去的那块科幻阵地。阿西莫夫说过一句让我激动得热泪盈眶的话：'新浪潮的泡沫终将会退去，硬科幻的海岸会重新显露出来。'只是这句话至今还没有实现。"

同坐台上的达特之前还在对观众自嘲，说自己今天何幸之有，居然能与刘慈欣同台，无异于一个街头歌手突然受邀与鲍勃·迪伦同台演唱。当他听懂了刘慈欣的感伤后，立即面对密密麻麻的观众宣布说："在艺术领域，不是谁能取代谁的问题，而是谁能做出新意。硬科幻虽然传统老套，但它能表现出其他科幻表达不出来的东西。我们要记住艺术与科学的一个区别：如果不是达尔文发现了进化论，会有其他人发现；如果不是爱因斯坦发现了狭义相对论，会有其他人发现。但是，如果不是刘慈欣写出了《三体》，世上将永无这部伟大的小说！"

心念美国科幻大本营的刘慈欣，可能还不知道自己在德国已经有了哥们儿。

《南德意志报》的记者注意到，刘慈欣的短篇小说远多于长篇。海纳出版社已经在《三体》三部曲出版的空隙间，推出了《镜子》和《人和吞食者》两个中篇单行本。2018 年 12 月，海纳还将隆重推出刘慈欣的短篇小说集。德文编辑塞巴斯蒂安把其中一个故事《微纪元》的中文原稿寄给我看，结尾处是两行楷体 14 号字体：

99.07.20 于娘子关

通信地址：山西省娘子关发电厂计算机室　刘慈欣

这个地址随电厂关闭从 2014 年起无效，工程师刘慈欣成为一名自由职业者和举世闻名的科幻作家。而这个 20 年前写成的短篇将被德语读者在 2018 年的圣诞树下读到。

刘慈欣说："我写短篇的时候，长篇科幻在中国还很难出版。所以，读我的短篇小说的读者会注意到，它们的框架和场景都很大，其实每个短篇都是一部长篇的梗概。但是这些故事没能写成长篇小说，确实是我作为作家十分遗憾的事。我现在也经常在想，假如有一个平行世界，在那里，我的 30 多个中短篇小说都写成了长篇，现在会是什么样子？"

听到这里，我产生了一种要跟刘慈欣去他的平行世界的冲动。但是，我们先去了一座教堂。这是刘慈欣德国之旅的最后一个公众场，在柏林的文化大教堂举办。

塞巴斯蒂安从慕尼黑飞过来助阵，达特从法兰克福赶来主持，演员马克从汉堡开车过来朗读，巴伐利亚女士还是负责签售，我继续担当他的德语传声筒。活动比原定推迟了半个小时，因为人流源源不断地涌入教堂，大厅内的数百个席位都被坐满了，组织方不得不开放演奏管风琴的楼层供观众入席。这座有 130 年历史的新教教堂是用红砖建的，这天晚上，教堂内的打光也是红彤彤一片。在一座老教堂里讨论科幻，本身就是件神奇的事情，更何况这晚坐在大家面前的，是一位来自中国的科幻作家。

"我们真的需要认真考虑外星人这件事吗？"有观众问。

"外星文明可能是我们人类面对的最大的不确定因素，"刘慈欣答，"可能我们一万年也见不到外星人，也可能它明天就会出现。国际社会和地球人对此漠不关心，真是件不可思议的事情！"

说这话的时候，英国伦敦正在发起反对退欧的万人游行，沙特记者卡舒吉被残忍杀害的新闻正惊骇全球，特朗普对中国的贸易战还没有任何松动，默克尔则号召她的基民党把目光投向未来。

活动结束后，刘慈欣悄悄笑着对我说："有一个问题我刚才没好提出来。科幻讨论的问题其实跟怎么成为上帝差不多。在上帝家里聊怎么成为上帝，上帝会怎么想呢？"

亲爱的余华

2014年11月9日，德国火车司机的罢工不得不提前结束，否则民愤太大，因为这天有200万人要聚首柏林，庆祝柏林墙倒塌25周年。就在这天，余华从米兰坐飞机，下午3点降落在汉堡机场。我一接到他，就发现他几乎被意大利人给用废了。

几个月前，受汉堡市政府委托，我跟余华的意大利组织方商定了一个"德、意分享余华联合行动计划"。意大利定在11月8日给余华颁发一个文学大奖，恰好在此期间，汉堡举行为期三周、欧洲最大的中国主题节"中国时代"。我们一拍即合，先邀余华来汉堡在"中国时代"登场，然后赴意大利领奖。余华那边先是答应了，后来又否定了。出尔反尔，缘于他遇到了护照的烦恼。

本来，他的如意算盘是，把今年欧洲频频相邀的各种"之旅"连成一串：10月中下旬，去巴黎参加《第七天》的法文版首发，逗留几日后，接着参加官方作家代表团在塞尔维亚贝尔格莱德书展的中国主宾国活动。等那边一收场，他就一脚迈进汉堡，高潮止于意大利的文学颁奖典礼。欧洲这四个国家之间，坐飞机都不过一两个小时，犹如在北京和上海之间走动。结果，政府大力反腐的一纸公文，打碎了这套完美行程。新的规定要求，公务出国来回都必须用公务护照，而且有极其严格的天数限制，一刀切不考虑任何例外，包括对余华这样的世界知名作家。若遵循国家规定，余华的日程就变成了一场"受难记"：从10月下旬到11月上旬这二十来天里，1.用私人护照从北京去巴黎，再飞回北京，睡两个晚上；2.用公务护照从北京飞塞尔维亚，再飞回北京，睡两个晚上；3.用私人护照从北京再飞意大利曼托瓦和德国汉堡。

虽然皱纹不多，身体结实，但余华毕竟54岁了，表示折腾不起。峰回路转发生在他的一念之间。有一天余华告诉我们，他决定不去塞尔维亚了。这样，他只需持私人护照完成巴黎、曼托瓦和汉堡的旅行，自由得像鸟一样。德国人和意大利人因"捡回"余华而大喜。为了让他在巴黎之行后能回国多休息一段时间，汉堡市政府同意跟意大利对调，让余华先去意大利，后来汉堡。

10月底，余华在汉堡的活动基本安排就绪了。那天我正准备睡觉，却手一痒，点开了微信。余华的一行信息，吓得我后脊梁一阵发冷："我在塞尔维亚。"经过前面的周折，塞尔维亚成了我的一块红布。有它没我，有我没它。无论我用微信给余华发去多少条问题，他都不再理我。打电话也不接。

我一个人坐在家中的黑暗里，想到买好的机票，好不容易订上的汉堡法学院尊华的摩可大厅，市政府的诚邀，德国最高文化媒体《时代周刊》作为余华文学之夜的举办方……这一切都变成了泡泡儿，就像美人鱼在安徒生的大海里的结局。绝望中，我想到了意大利人。余华是不是忘了告诉我他不跟我们玩了，却提前通知了意大利人呢？我赶快给意大利发去一封电子邮件，问他们是否得知余华的行程有变。深更半夜是不用等人回我邮件的。关上电脑的那一瞬间，我就知道自己会一夜无眠。第二天早上，我不敢看微信，就先打开了电脑。两封意大利人的邮件躺在邮箱里。第一封说，他们没有得到余华的任何变更信息。虽然经济不景气，但为了安排给余华颁奖，他们已经投入了上万欧元……第二封邮件说，她被我的问题吓得一晚上没睡，我若得到任何新消息，请务必第一时间告知她。这是一位70多岁的意大利老太太，办过20多年国际文学活动，第一次被吓成这样。我打开微信，余华又有消息了，说，我们说好的一切不变，只是，他虽然几乎站在了汉堡门口，但还得飞回北京再飞来欧洲。我的心一软，向他保证一定不让他在汉堡累着，又嘱咐意大利人善待已经很疲惫的余华，切切。

没想到，意大利人对余华的"善待"，就是让他一刻不停地说，包括在曼托瓦最好的饭店吃饭的时候。除了睡觉，就是活动、提问、发言！余华一边告诉我，一边一身烟味地坐进了汉堡机场的奔驰出租车。我们一路向市中心驶去。正在这时，意大利人的邮件也追到了，我翻译给余华听："余华是一个非常睿智而富于耐心的人。在三天时间里，除了隆重的颁奖活动，他一共参观了五所中小学，接见了750名中小学生，并一一回答了他们的问题。他还与当地妇女阅读联盟进行了文学探讨，并且走访了一所精神病医院兼监狱……"

余华歪在车里，听得哭笑不得。跟中小学生的亲密接触，是因为《许三观卖血记》被收入意大利的课本，放在"国际文学"部分，目录上余华的名字挨着马尔克斯。每个学生都被允许向余华提一个问题，为了保持体力，机敏的余华给每个孩子的回答都用一句话完成。有一个小女孩没提问，而是对余华说："你是我认识的第一个活着的作家。"是啊，余华点点头，马尔克斯已经过世了。

余华认为，这趟意大利之行下来，最有水平的问题不是记者问的，而是精神病人提的，可他已经累得想不起来那是些什么问题了。这里的病人很特殊，他们曾经都是罪犯，被捉拿归案后查出精神有问题，就被关进这所既是医院又是监狱的地方。他们的阅读书单上也有余华的作品。和这些人交流，余华的感觉是和高智商人群在对话。离开的时候遇到了点麻烦。余华的意大利译者开车，余华坐在副驾上，五分钟过去了，医院的大门却迟迟不得开启。意大利译者的脸色越来越难看。余华安慰他："如果不让走，这里至少给咱们留了房间吧！"

我得承认，汉堡给余华安排的活动没有这么惊心动魄。但我们拿出了德国人的厚道和低调。余华下榻的维丁娜酒店，坐落在汉堡市中心最好的地段，同时大隐于市，藏在一条古色古香的小街上。古里慈街一头通向汉堡的明珠——阿斯特湖，另一头扎进繁华的市中心，那里布满法式、意式、希腊风格的小吃店、咖啡屋、酒吧和面包房。无论往哪头走，不超过三分钟就都走到了头。维丁娜酒店在汉堡极负盛名，因为它是作家、艺术家和建筑家酒店，文化名人如云的地方，只是这些人来来去去，不同时出现而已。走到它跟前，如果不抬头看招牌，一点都看不出它是一家酒店，而以为就是一户门面优良的住家而已。

我每天去接余华，就站在台阶上，敲敲他的窗户。余华住在黄房子的第一层。黄房子是作家住的，蓝房子是给艺术家、而绿房子是给建筑家住的。外加一座吃早餐、喝咖啡、等人用的红房子。无论在哪栋楼里，余华都很善于推开任何一扇通往后院的门，那里是他吸烟的合法场所。后院里放着维丁娜为客人们准备的自行车，余华很喜欢的车锁，居然是一摞书的小雕塑。有一天，我们穿过蓝房子，进到了绿房子，也就是建筑家们住的地方。那是一个 Loft。德国一位擅长为文学家、艺术家写真的著名摄影师约了余华，在这个房间里为他拍照。摄影师的德文姓为"幸福"，跟余华《活着》的福贵沾亲。趁德国阿福换镜头的工夫，余华爬上了楼梯，去 Loft 顶层转了转，并认定作家的房间要比建筑家的好，因为建筑家住得虽然另类，可晚上起来解个手还得下楼。

我最喜欢的余华的照片，是《纽约时报》上登的。他手指间夹着烟，穿着黑呢子西装，背景是一排庄严的欧洲古典建筑。他用专注而淡定的眼神直视拍他的人，明白这不过是一个定格的瞬间。此时站在绿房子里，他也穿着这件黑呢子西装，也许是皮肤韧性超强，过度的劳累并没有泛上脸颊。阿福透过镜头捕捉他表情的细微变化，否则，怎么会一动不动要拍那么多张呢。余华的后脑勺冲着我，可我肯定，他看阿福的眼神更毒。余华说自己以前有惊人的记忆力，现在不行了。但我觉得，他还保留了惊人的观察力。阿福的拍摄从数码过渡到胶片，每卷胶片的张数，都被他发现了。阿福突然问道，美国那张照片上的旅行箱，是余华自己的还是摄影师的道具？余华只思索了两秒钟就回答了这个问题。他绝不是一个书斋中的作家。可能跟当作家之前拔过一万多颗牙有关，他是一个在现实中极富操作能力的人。经纪人对他是多余的。在国际文学业界行走，跟各国出版商、编辑、译者、文学评论家、记者、文学节组织者、政府官员、摄影师、汉学家等形形色色的人打交道，余华一句英语不会，但对每个人的名字都能发音纯正，关系理得一清二楚。

阿福拍了几卷后又问我："余华作品的批评精神很锐利，他在自己的国家不会遇到麻烦吗？"阿福有些为余华担心，可他从所有的媒体报道上都找不到答案。我把阿福的担心转告给余华。余华没有给出更多的表情作答。他还滞留在意大利的疲劳里。

余华有一本在国内没有出版的非虚构作品集，叫《十个词汇里的中国》，欧美地区已经热销近三年了。我于是请他在有"德国常春藤"之称的汉堡法学院演讲，出了个演讲题目叫《第十一个词》，意思是，这里的德国人都读过你的十个词了，带个新词过来吧。余华觉得这个题目很难，因为至少有一百多个选择，于是拖着不交作业。一直到文学之夜的当天下午，他还没想好。我逼他：最不济，你聊聊雾霾也行啊。余华不吭声。我让他回黄房子休息，自己则坐在红房子里等着，心里大骂意大利人，把余华榨干了才送过来。晚上，法学院的摩可大厅里座无虚席，站的地方也挤满了人，对德国严格的安全制度造成明显的挑衅。德国艺术家茶拓笔的灯光装置《F城》，把北京的夜景一片通透又海市蜃楼般洒向会场。在这片似曾相识的光线中，几分钟前还恨不得找个沙发躺倒睡觉的余华，坐在台上开始了他的演讲："我想啊想，最后找到了一个大家可能都会喜欢的词：享受。跟《兄弟》一样，《十个词汇里的中国》也是从'文化大革命'写到今天的中国。而今天的中国人已经越来越注重享受了。享受在中文里就是四个词，吃喝玩乐。我简单地想了一下吃，再简单地想了一下喝，王竞就来敲门，把我带到这里了。所以，我今天只讲吃吃喝喝。"

余华驾到汉堡之前，已经有很多人为他的到来而兴奋。今年2月，由孟京辉执导，黄渤、袁泉主演的话剧《活着》在汉堡塔利亚剧院上演，轰动一时，那次余华本人是缺席的，反而增加了德国粉丝的好奇感。到了初冬11月，余华现身汉堡，没有格外地宣传，报名人数已经大大超标，组织方在活动前想方设法劝阻过多的观众前往，比如派人在现场外婉劝，请茶一杯为歉……

　　余华津津有味地讲完了吃，让在场的一些七旬左右的德国人联想起自己战后的日子，他又开始讲："在中国最有名的葡萄酒牌子是法国的拉菲。于是就有人收购拉菲酒瓶子，一个瓶子可以卖到1000人民币，相当于125欧元。那些做假酒的人收购了很多拉菲瓶子后，把瓶子放到一艘很大的海轮上，就把船开到法国去了。"听到这里，德国观众觉得，不是中国人疯了，就是余华疯了。余华继续说："在法国他们买了一桶桶最便宜的红酒，运到船上，再往回开。在船上，他们专门放了装瓶器，把便宜的红酒灌满每个拉菲空酒瓶。到了中国海关后，就按拉菲报关，这样就有了证明——这个拉菲是真的！然后再把这些酒卖给中国有钱的人。如此一来，中国的有钱人和官员们就花了很多很多钱喝了很多很多便宜的拉菲葡萄酒。后来发现这是假的，于是有钱人派人亲自去法国买真拉菲。"

　　故事讲到这里还不算完，余华收尾道："要知道，中国白酒的储藏是不太讲究的，比如可以放在汽车的后备厢里。中国富人的后备厢里经常放了一箱茅台酒，碰见朋友了，或者要做生意了，就叫司机去后备厢里取一瓶。我认识一个人，去法国买了好几箱拉菲，也全放在后备厢里。每天汽车到处颠，就这么过了一个春天，一个夏天，又经历了一个秋天。冬天他见到了我，说，我的后备厢里还剩两瓶拉菲，咱们把它喝了吧。他倒出来，我一喝，跟醋一样酸啦！"

听完这个享受的故事以后，《时代周刊》基金会的负责人赞美了余华，说自己在20年前看了电影《活着》，今天能相遇作者本人，甚感荣幸。现在他邀请大家为这个难忘的文学之夜喝一杯，虽然不是拉菲，但他保证德国红酒品质的真实性。

可惜德国的读者要比法国读者多等两年，才能读到余华的《第七天》，因为余华的德文译者太忙。有等不及的汉学家，抢先把《第七天》读了，在粉丝恳谈会上向余华提出了一个很不客气的问题："你是不是对中国人越来越感到沮丧了？""我一直是保持乐观的。"余华回答。年轻的汉学家反驳说："在《活着》里，福贵生活得虽然很惨，但他为活着而活着，他一直乐观到最后，在他的人生里他是乐观的。可是在《第七天》里，主人公的乐观已经不在此岸了，虽然也不在彼岸，而是在生死的一个中间地带。你把乐观转移到了那个中间地带，说明你的乐观其实已经变成了对人生此岸的悲观。"余华很欣赏这个意见。他是一个喜欢和读者交流的人，有些问题虽然已经回答过七百遍了。这就是意大利人看出来的耐心吧。

在一个风和日丽的中午，生活在汉堡的一对作家夫妇关愚谦和他的德国夫人珮春，把余华从摄影师阿福手里抢了出来，塞进自己的车里，带我们去汉堡郊外看当年海盗生活的地方。我们从总火车站拐了一个弯，在接下来的将近一个小时里，再也没有转过方向盘，而是一路笔直地向西北驶去。方向不变，街名在变，街景也在变，余华屈指一数，关先生开出的这一路居然经历了德国的五个社会阶层：总火车站后面是汉堡的堕落大道绳索街，也是红灯区的所在地，被五颜六色涂鸦的房屋是社会底层的住所。中午时分的街道，安静空旷，余华即兴吟诵了福克纳的片段："作家的家最好在妓院，白天寂静无声可以写作，晚上欢声笑语可以生活。"羡慕完福克纳之后，我们进入了德国工薪阶层的住宅区阿通纳，这里的房屋整齐干净；再开一段，更好的宅子映入眼帘，中产阶级出现了。越往前开，街景越开阔，一栋栋风格各异的别墅依易北河而建，我们进入了富人区。快接近目的地时，房屋更加稀疏，豪宅从路边几乎看不见，它们隐身在深邃的园林里。这就是富豪区了。我们终于开到了关先生起名的海盗岛，一群小如棋子的老房子排列在易北河边。易北河的这个河段离波罗的海约 100 公里，河面极其开阔，已经有了海的气魄。对岸是空客的建造基地，有架飞机身上还写了"卡塔尔"字样，余华便说，"德国人在港口造飞机"。

站在水边，余华想起他的德国编辑伊莎贝此时应该坐上了火车，从法兰克福赶往汉堡来看他。前不久伊莎贝过生日，她的老板，也就是费舍尔出版社的文学总编汉斯悄悄给余华来了一封信，请他给伊莎贝50岁生日写几句贺词，作为惊喜送给她。余华是这么写的："我每次来德国，伊莎贝都会坐上火车来看望我，无论多远。她经常是傍晚走出车站，第二天清晨又走进车站。我为她的长途奔波表达谢意和歉意之时，她微笑地说喜欢坐火车，因为有很长的时间来阅读书稿。当我在遥远的中国想到伊莎贝的时候，就会联想到德国的火车。伊莎贝和行驶的德国火车一样精力旺盛。"

　　这个故事让我感动很久。一个中国作家和他的德国编辑是这样合作的，那么他和他的中国编辑又是怎样合作的呢？

　　把余华送上回北京的飞机后，发生了另一件事情。有一位叫玛丽安娜的德国读者，阅读了余华所有的小说。虽然住在离汉堡30公里的地方，但余华在汉堡的两场活动她场场不落。知道没有第三场活动了，她提笔给余华写了一封信，托人翻译成中文，请我务必替她寄给余华。这封信，余华现在应该收到了。玛丽安娜写道：

亲爱的余华：

　　11月10日和11日能在汉堡亲临您的活动，让我感到由衷的喜悦和荣幸。这两场活动对我而言十分重要。虽然活动上气氛轻松幽默，但我深知，我面前所遇到的，是我们这个时代最出色的作家——他绝对与国际上的大文豪如马尔克斯、福克纳、海明威、拉克斯内斯、艾特玛托夫以及伦茨齐名，与他们同等重要。我期待，有一天亲眼看到您获得诺贝尔文学奖。

我很明白，您的时间有限，无法回答活动现场的所有问题。所以，我允许我自己用信的方式向您提出我心中的问题，您若能回复，我会非常感激。若不能回复，我也尊重您的做法。

我期待阅读您的下一部作品。并感谢您给我们带来那么多故事！

玛丽安娜

下面是我的问题：

您是怎么发现自己的写作才华和激情的？

您从哪里找到您作品中的人物？比如，您认识像福贵这样的人吗？

您有知己吗？或者写作就是？

……

北岛：诗人下厨

一

2015 年春末，北岛应邀参加不来梅国际诗歌节。乘火车从不来梅到汉堡也就一个多小时，汉堡文化部事先听闻这个消息，派我去不来梅把诗人接到汉堡，为他在这里组织一场音乐诗歌朗诵会。

那年是北岛脑中风后的第三年，旅行箱里还带着中药罐子。他仍在恢复期，讲话有些磕巴，脑子最好也不要同时处理过多的事情。我们已经坐上去汉堡的火车，他才发现，大衣忘在了不来梅诗歌节的现场。他对那件衣服很有感情，是20 世纪 90 年代初他在不得不频繁更换驻留国家时买的，这么多年一直穿着。不来梅的朋友答应第二天亲自把大衣送到汉堡。为了答谢这份盛情，我们商量，就不在馆子里招待人家了，而是大家一起去我家做饭。

到了我家住的小镇，北岛进了我们这里最好的酒铺。他不听劝，坚持买了两瓶我觉得很贵的红酒。他是带着夫人的禁酒令出门的，服中药期间不许喝酒，但他想让我们晚餐时尝尝。选酒的过程，北岛全神贯注。瘦高的他，表情严肃地站在一架架瘦高的葡萄酒瓶之间，店主鞍前马后地把不同的酒瓶子递给他，两人用英文三言两语过了几个回合。我在旁边看着，心想老板知道自己店里来了个行家。

　　北岛坦承，在海外过的那十几年，酒成了他最忠实的朋友。在他的散文集《蓝房子》里，他写过，"当酒溶入血液，阳光土壤果实统统转换成文化密码"。这一听，就是用亲身体验诠释了一把酒神与诗人的难缠关系。无论清醒，还是酒醉，他都统一地用一个词来反讽他过的这十几年——"漂流"，好像我们这个时代无比重要的诗人，被捆扎成一个木排，或是变成了一只装了封远方来信的漂流瓶。漂流期间，北岛从黑暗漫长的北欧终于去到阳光明媚的加州，他爱上了红酒，认为红酒的性格温和，和阳光有关。况且，他的红酒启蒙老师也是一位美国诗人，同行。

　　在美国，有一次他忘了和苏珊·桑塔格约的饭局，吃完了才去人家家里。他写道："苏珊并非传说的那么骄傲，她打开瓶法国红酒，和我闲扯。"这时，他很有勇气地暴露了自己在海外那些年的内心境况："其实在我和苏珊及很多西方作家的交往中，都有这么个微妙的心理问题：一个作家在失语状

态中的尴尬。您高小程度的英文，能和人家讨论什么？"（《蓝房子·纽约一日》）

对一个诗人而言，还有比失语更可怕的吗？假如北岛没有在 20 世纪 80 年代末"启程"他的海外漂流，一直都生活在国内，那他就会无间断、无休止地浸泡在汉语的汪洋中，不会患上在西方世界里的"失语症"。可谁又拿得准，那条和母语须臾不能分离的路径，对北岛一定就是好运？

2019 年上海国际诗歌节上，女诗人翟永明做了个领奖发言，总结了诗歌的丧家犬命运："40 年来，中国当代诗歌发生了很大的变化。从 80 年代的辉煌崛起，到 90 年代的销声匿迹，再到千禧年之后的 10 年，退至社会边缘。直到最近这些年，新诗在一代年轻人中间渐渐回暖。"

事实上，无论哪个国家、哪个年代，诗歌都不是一件"人山人海"的事。但偏偏在 20 世纪 80 年代初，先锋诗人北岛引发了翟永明说的"辉煌崛起"，经历了被蜂拥围堵的宏大场面。他自嘲那是一个时代的误会——谁让那会儿诗人出现在歌手和明星之前呢？尽管如此，我仍然无法想象，如果我在十六七岁的时候没有读过"卑鄙是卑鄙者的通行证，高尚是高尚者的墓志铭"，今天的我会是什么样子？年轻的心，被他的诗句唤醒，一辈子都睡不了回笼觉了。

二

　　我领着我的启蒙者和几个朋友去家里做饭。北岛提着他选中的两瓶红酒，脸上有了点笑意。

　　进了厨房，北岛系上我的围裙，打开我家冰箱，马上定了做哪几样菜。事前没有讨论，现场也没有商量，局面却再明了不过：北岛主厨。我当场出局，成了自家厨房里的多余人。从外表看，北岛是个非常不像诗人的诗人，他冷静木讷，表情很少，衣着普通，发型大众。用名人的标准考量，他既没有怪癖，也不出奇招，平常到老百姓一枚。可奇怪的是，无论是在一堆朋友中，还是在做一件事情时，他往那儿一站，就天经地义地成了领袖。比如，这会儿，在我的厨房。我只能像酒铺老板那样，转而殷勤地为他打下手。

　　北岛非常想做西红柿炒鸡蛋，可我家只剩鸡蛋，找不到西红柿。他有些失望。于是，我们开始为大蒜炒扁豆备料。一写下这两个菜名，我眼前就出现老北京饭桌上别提多家常的菜盘子。1989年早春，北岛接受了德意志学术交流委员会去柏林驻留的邀请。出国前，他和老婆孩子住在北京胡同里的一个大杂院里，"有天傍晚我骑车回家，进了胡同就看见田田（北岛的女儿）在家门口跳皮筋，空气里飘着各家各户做饭的香味儿。田田那时候才4岁……"剥扁豆的时候，大家天南地北地聊，北岛说了这么几句。我读过他记录漂流的不少散文，知道田田从 4 岁后直到 10 岁都见不到父亲。后来，她搬到美国和爸爸团聚，北岛每天要负责给女儿和自己做饭。这胡同里的暮色、饭香和跳皮筋的女儿，应该是他在老家北京完整生活的最后一幕。但我没敢说出我的猜测。

扁豆很新鲜，掐两头，顺手把豆两侧的筋拉下来，然后用手掰成便于下口的几段，不用刀切。众人一齐上手，择好的豆角在盆里很快堆出了一小堆。北岛夸起女儿，变得有些絮叨。2012 年春天，他在香港任教期间中风，田田放下一切，飞到香港护理爸爸。没有田田，他不可能恢复得这么好。

三

我们自然而然地聊起他的病情。中风前开始写的长诗只能搁下，也不知要搁多久。首要的是，要耐心地训练，恢复语言功能。北岛的散文名篇《蓝房子》写的是他的朋友托马斯·特朗斯特罗默，瑞典诗人。托马斯曾经体壮如牛，但在 1990 年 59 岁时得了中风，从此半身不遂，并患失语症。北岛去看望他，要通过托马斯的妻子莫妮卡的"翻译"，才能破解这位瑞典文豪的混浊音节。莫妮卡去下厨，两位诗人的交流陷入尴尬，就一起听音乐，"音乐给我们沉默的借口"，北岛的散文里会冷不丁冒出诗一样的句子。这次来德国前一个多月，北岛去斯德哥尔摩参加了托马斯的葬礼。中风后的诗人住在被摧残的身体里，又活了25年。他不能正常说话，改用左手写诗，写出了翻译成全世界五十多种语言的诗篇，并在离世前四年获得了诺贝尔文学奖。北岛是托马斯的中文译者，诗人译诗人，可能走的是一条外人不知的神秘甬道。

托马斯中风22年后，北岛步他的后尘，也得了脑中风。如果说，北岛之前在西方文化中的失语是思想的尴尬，那么现在疾病造成的失语则如一场灭顶之灾。但是他的运气比托马斯好，因为他相信中医。从2012年开始，靠说得上话的朋友的帮助，北岛就经常从香港到内地，拜访中医界各路名医。剥豆的时候，他向我们宣称，自己已经恢复了75%的语言功能。

可是，在2015年，也就是得病三年后，那还没有恢复的25%是怎么给他找麻烦的呢？其实，我们都对他在不来梅的登场唏嘘不已。在诗歌节的剧场舞台上，北岛站在麦克风后，用中文朗读自己的诗，墙上的投影是他的御用译者顾彬的德文译文。北岛突然就卡壳儿了。全场静默地等着，墙上的字幕也暂时悬挂在那儿，不敢轻举妄动。我们看着台上的他，看着他在几百名观众的注视下，跟大脑里受伤的细胞无声较量，谁也帮不上忙。每次斗赢了，北岛就能把声音发出来，继续往下读。这么断断续续多次，他坚持朗读完了自己的几首诗。其中一首叫《旧地》：

……

此刻我从窗口

看见我年轻时的落日

旧地重游

我急于说出真相

可在天黑前

又能说出什么

饮过词语之杯

更让人干渴

……

四

北岛式的抗争叫作——不能写,我就去朗读以前写下的诗。比这种情况更糟糕的是得病初期。北岛告诉我们,当初,他就跟托马斯一样,几乎完全不能发音说话。不过,他能画画,还有摄影。

"我送你一张我的摄影作品,你要是喜欢,就冲洗出来挂墙上。"他有些自得地"贿赂"我这个女主人。我们继续准备做饭,没把他的话当真。

谁知吃过这顿晚饭,北岛回到酒店,当夜就用邮件把他拍的一张照片寄来了。就像给每首诗都要起个名字,哪怕这首诗叫《无题》，他送给我的照片也被他起了名字，叫《窗口》。

我把文件下载下来，看到屏幕上只有四样东西：墙、木框里的马头、门和凳子。占画面三分之二面积的是一块上了红漆的木板墙，上面等间距垂直地钉着细棱木条。墙右边出现了一扇带几面方格玻璃的木门。从门框的花样木纹饰和浅蓝淡绿颜色推断，此处大概是北欧的某一乡村。红墙上，与门框同高的位置，有一个没上漆的四方木框，木框里充满了一只侧面的马头。框子下面立着一个粗糙的木凳，凳子腿没有被纳入镜头。

构图如此简单的一张照片，却让我百思不得其解。问题出在那个马头上。这是德国诗人施托姆在《白马骑士》中描写的那种欧洲白骏马，它的长脸上晕染开来一块水墨般的青灰色，沿着鼻子至唇吻，则是婴儿般的嫩粉。马头冲左，眼微眯，低垂的眼睑下，眼珠和眼白各显一半。这究竟是木屋的主人顽皮地在墙上挂了一张画呢，还是诗人北岛走过木屋时，里面休息的骏马踱步窗前，用马头占满窗框，给诗人一个羞涩的问候？

到底是窗口，还是画框？没有用语言表达出来的不确定性，北岛用镜头细腻地表达了。

我最近偶然读到，2019 年 10 月，北岛在上海举办了一场个人摄影作品展。他对此做出的解释是："我觉得创造性有多种多样的表现方式，他们之间密切关联，只不过媒介不同而已。而照相机给诗人提供了另一种媒介，就像是另一双眼睛。"

五

那天，我们的大蒜炒扁豆开始了。北岛把火开到最大，往锅里倒了不少的油，倒油的动作优美流畅，不带任何犹豫，抬起油瓶口的一刻也很果断。西方食谱里的量度，如多少克或几汤勺，在他这里完全是扯淡。受到他的磁场辐射，我对"心中有数"这个词有了开悟般的理解。接下来在锅里翻炒扁豆，上下前后左右中，让所有的扁豆段儿都均匀地沾上油，公平地得到同等的热度。他挥舞锅铲的动作熟练从容，又充满耐心，看得出他很享受干这个活儿。

"他用他沉静的方式来介入，"德国《时代周刊》的一位名记者在听完北岛那次磕磕巴巴的朗读后，这样写道，"北岛寄希望于诗歌的力量。因为他一直充满勇气，敢于直面自由，所以他不需要对日常政治中的琐碎不停地表态。"这好像提前解释了北岛在组织 2019 年香港国际诗歌之夜的动机。在今年这个不安的冬天，北岛请到香港来的十几个国际诗人没有一个缺席。北岛把诗歌之夜的主题定为"言说与沉默"："哲学家把可说的弄清楚，诗人把不可说的表现出来，哲学止步的地方正是诗歌的开端，对于不可言说的，诗歌是一种可能。"

回到 2015 年暮春我的厨房。扁豆皮儿慢慢发白、起皱。

北岛把我们事先准备好的十粒大蒜子全部投进了锅里，一点没想着节省。真的就是剥了皮的圆溜溜大蒜子，既不让切片切粒，也不让用刀背拍烂，一股奇香随之从炒锅上方笼罩的热气中弥漫开来。最后加酱油，他把酱油瓶横倒过来，沿着锅沿儿，画了个比锅口直径小三四厘米的圆圈，酱油兴奋地咕咚咚奔流出来。忽然他一抬瓶口，酱色的奔流戛然而止。再翻炒几下，就出锅了，一次也没有尝味儿。

这是我吃过的最好吃的大蒜炒扁豆。灶台边上的诗人一副大将风度，不慌不忙，万事皆在掌控之中，且有极简之风。北岛做这道菜一共就四味：油、扁豆、大蒜、酱油。

日后我多次模仿他的方法做大蒜炒扁豆，但无论怎么努力，都做不出他的味道。我甚至去同一家店买扁豆和大蒜，用同样牌子的葵花籽油和生抽。最后，我不得不怀疑，我之所以做不出北岛的大蒜炒扁豆，是因为我不是诗人。

谁在德语区等麦家

麦家准时到达汉堡，然后呢？

麦家在 2016 年 3 月 16 日下午一点准时到达汉堡机场，开始为期 11 天的"德语区阅读交流之旅"。这天早上，我的电脑也"准时"地黑屏了。据德国电脑医生的远程诊断，肯定是恶意病毒入侵，完全可以排除背上这个扁平家伙陪麦家上路的可能性了。从机场接到麦家后，家人来电话，说我的电脑自己恢复如常，好像什么都没发生过。高兴之余，我不得不疑惑地看了看身边这个写了小说《解密》的人。他嘟囔了一句：一切都是有感应的。

《解密》2002 年在国内出版，麦家从此获得"中国谍战小说之父"的称号。12 年后，小说通过一个偶然的机会被国际出版界发现。2014 年 3 月，英国、美国同时推出两个英语版本的《解密》，最重要的英文媒体如《纽约时报》《经济学人》

和《卫报》纷纷发表了高度赞扬的书评，当代中国小说在西方很少受到如此的重视。西班牙语世界也不示弱。上个月我在汉堡策划麦家德语区的活动时，收到了麦家工作室发来的一份总结：2014 年秋麦家出访西班牙语诸国，正值西班牙语《解密》出版，麦家一共接受了 107 家西班牙语媒体的采访，说到差点吐血。

我告诉麦家工作室，在德国、瑞士和奥地利，肯定不会有很多媒体采访麦家，因为他来晚了。麦家的德文版《解密》是 2015 年 8 月出版的，按照西方出版界的规矩，这是"秋季书"。当时，麦家的小儿子滴答刚出世，他决定留在家里不远行。到了 2016 年 3 月，莱比锡书展开幕，这是德语区的所有人——从出版社到媒体和书店——为"春季书"奔忙的时候。"秋季书"成了失宠的孩子。

还有另一个重要的原因，导致麦家难以在德语区成为媒体的宠儿。但是我没有把这一点告诉远在杭州的麦家工作室。我耐心地等麦家在他的汉堡酒店坐定，然后简明扼要地把实情告诉他。德语区，特别是德国的媒体很"政治"，你麦家既不是一位"异见作家"，《解密》也不是一本很政治的小说，媒体对你就不怎么上赶着，这是这里的游戏规则。

麦家看了我几秒钟。这个到处受热捧的明星作家，会转身离开"冷漠的"德语区吗？所有安排好的活动要泡汤？我心里打鼓，目光却不回避他。麦家正处在一个男人最好的年龄，成熟，强壮，自信，适度矜持，但很直率："你不说我也知道，中国作家在西方都是很难被认可的。"一言以蔽之，好像在英语和西班牙语地区的成功，也不是一种能被他认可的认可。"咱们就走走看看，什么压力也不要有。"麦家用他的江浙口音普通话，给这次德语区六个城市的活动定了调。

当不了德语媒体的宠儿怎么办？

文学和政治是一对说不清的伴侣。德国的诺贝尔文学奖获得者格拉斯，生前常被德国媒体指责，作为一位文学家过于政治化。那么，当中国的作家作品终于能被德语读者阅读时，他们的作品是被当作文学作品看待，还是作为对中国进行政治解读的文本呢？或者二者皆是？曾有一位德国大报的记者告诉我，他的话题是政治和文学，如果只谈文学，就不用找他了。这是一个固定而清晰的组合，值得尊重。我的问题是，是不是每一个记者、每一个书评人都秉持这样一条原则？我还想知道的是，这是不是格外对中国文学设置的要求呢？在中德两边都浸润了这么久，我心里明白，在这个问题上不会有清晰的论证，只有模糊的感觉。

《解密》的德文译者白嘉琳对此给出了一个实用主义的解释："对媒体来说，快速下个政治结论是不费力的；费力的是，把一部文学作品从头读到尾，然后做出文学性的评价，这得下真功夫。"几乎在每场与麦家同台的活动中，白嘉琳都直率地讲出自己对德国媒体行业的观察。但是她认为，德国媒体今天体现的强烈政治倾向，也和德国特殊的历史背景——"二战"加前东德有关。

麦家的小说《解密》似乎可以成为对这个敏感话题的一次试探。我的朋友安娜特经营一家专售译成德文英文的中国图书网络书店，前不久她说，无论是从文学的还是从政治的标准衡量，中国文学在德语市场的情况都不是很乐观。除了2009年中国作为主宾国现身法兰克福书展推出一个小高潮外，这些年来翻译成英、德文的中国文学书都不多，卖得也不火，她的小生意一直波澜不惊。安娜特的分析是，即使在欧洲，读文学的人也在量减，读中国文学的人就更加凤毛麟角了。阅读中国有其他快捷的方式，比如德国记者们的时评和新闻报道，这当然主要涉及经济和政治领域。

但安娜特是一位有耐心有恒心的德国女人。每次举办有关中国的活动，特别是文学活动，她都推着丈夫给她做的木头书箱来到现场售书，无论卖多卖少。谁都没想到的是，麦家在汉堡的活动结束后，书居然卖断了，让很多到场观众十分失落——书以后总可以买到，但是得不到麦家的签名了。我走过去安慰安娜特，她抱歉地说，她带的书从来没有不够过啊。这只是开头，之后从莱比锡到柏林，从维也纳到慕尼黑，《解密》在活动后的签售，次次都突破了书商们的经验预期。

西方人从《解密》里读到了什么呢？在麦家踏上德语区前，我研究了所有我能找到的英语和德语的《解密》书评。下面的两条让我印象深刻：《经济学人》发表在2014年3月的书评里，开篇即说，等了这么多年，中国终于产生了一部吸引广大文学爱好者的小说，此前的中国小说主要是关心中国的人的读物。2015年8月奥地利国家广播电台播放了一篇评论，称《解密》有"三新"：第一，它没有用"异国情调"的彩笔描画中国；第二，它没有刻意进行政治处理；第三，它跟这些年来玩黑色幽默牌的文学拉开了距离。"麦家专注于他的间谍人物的灵魂黑暗性，即使这个人物没有邦女郎坐膝头，手里也没拿007的枪，读者还是会紧追他的命运不放。"

在苏黎世吃奶酪火锅的晚上，麦家放松下来对我说，他从1991年开始动笔写《解密》，费时11年，就是因为看清了当时中国文坛"山头"林立，而无名的他哪座山头都不想去，立志要写部小说建立自己的山头。既然如此，上面两种西方对《解密》的评价，可以称得上是麦家的"知音篇"：他写了一部真正意义上的好小说，为中国文学在世界上发出了一个新声音。当然，在一大堆研读中我发现，知音永远是稀少的，比知音多得多的仍然是政治解读，例如称《解密》是"讲中国毛时代下的间谍惊悚小说"。

我们的阅读之旅走到慕尼黑时，麦家第一次和他的德国出版商相遇。这位兰登旗下德意志出版社的掌门人，面对全球已经卖掉 33 个语种的大作家，颇感歉疚。大家在他的办公室坐下来后，对《解密》为什么在德语市场没有引起应有的轰动，他做了如实的解释：这是他们做的第一位中国作家的第一本小说，经验还不足。在外国小说门类里，跟法语、英语小说相比，中国小说对德语读者显得更为陌生一些，他们出版社对打破陌生感的营销手法还需改进。此外，他们拿德国媒体也没有办法，媒体倾向于政治解读，拦都拦不住。

麦家安慰他说：你别着急。《解密》已经被好莱坞买下了电影版权，一个专业团队已经开始写剧本了。出版商马上在一个小本子上记下这条好消息，然后抬头对麦家说，被买下电影版权的小说不少，但开始写本子的不多，这是好兆头。麦家说：如果能拍，而且拍了以后能有市场，你的书就不愁卖了。

这种来言去语，听起来就像要伸手去摘天边的月亮。可麦家是认真的。在欧洲最大的读书节——"莱比锡阅读"上，观众与麦家开诚布公地讨论了对文学和政治的看法。麦家用德国人不太习惯的感性语言说：政治教人争执，文学教人相爱。政治是一条窄道，文学是一条宽广的大河。他要站在宽广这一边。可是媒体不重视你怎么办？有人不依不饶地问下去。麦家卖了个关子："我已经破解了跟德国媒体打交道的密码。"观众们都兴味浓浓地等他讲下去。他举重若轻地抛出了两个解法儿，其中之一是，靠一个比图书更强大的媒介——电影，挣脱媒体用意识形态对一本书的市场命运的裁判。

另一个解法儿呢？"那是一个简单得不能再简单的法子，"麦家说，"如果我打我自己的耳光，打我父母的耳光，媒体肯定会很快喜欢上我。可是我不喜欢这样做。我的写作是不带这种目的性的。我要求自己用理性来写小说。"

那么，就只剩下一个摘月亮的解法儿了。

麦家是中国的丹·布朗吗？

"这边的书评人为什么有那么大的影响？"麦家在德语区走走看看，真的发现了这边的诸多玩法。"他们都是独立书评人，职业选手型的，既专业又独立，是不能被收买的，否则就没人信他、也没人用他了。"我讲给麦家听。"看来西方的书评人是个正经职业。"麦家饶有兴趣地对比起来，"在中国不可能有这个职业的存在，难在'独立'二字上，中国是人情社会。"

西方的书评人给他戴的帽子是"中国的丹·布朗"，就像中国给他安的称号"谍战小说之父"一样，麦家都觉得不是很对路子。但除非有人问他，他自己不去辩什么。误读也是读。

然而这一路走下来，到处都是为他辩护的人。在不同城市的活动，麦家有不同的对谈嘉宾，经常是他的译者白嘉琳，一个满头金发、身材娇小的探戈舞迷；有时是中国文化参赞陈平，发现了《解密》在德国的出版而倾力把麦家请动的关键人物；有时是柏林文学研究会前主席乌里，德国作家们的呵护人和文学活动策划家；有时是德国作家余德美，深谙中德文学渊源的柏林孔子学院管理者；有时是德国演员毕诗谭，《解密》的德文朗读者。和很多读者一样，他们读过《解密》后，都发现这不是媒体谈到的那本书。

措辞最激烈的当数乌里："谁说《解密》是惊悚悬疑谁就是扯！"一听这话，坐在台上的麦家嘴角露出了笑意。他最享受的，还是谈论文学。乌里是德国文学圈的一位权威，他认为他有资格把《解密》评价为一部写天才命运的天才之作，而且有一种他在其他中国小说里还没有读到过的强烈现代性。"这里写的不是间谍，不是解密，麦家写的是一个天才在他的特定环境中被异化被损坏的故事。他写出来的，是文学最根本的主题！"很多带着《解密》的德文版甚至英文版来参加活动的观众，不禁纷纷点头，一种终于找到答案的感觉。

麦家觉得这一趟德语区之旅走得很有意思，一不小心走进了一个"误读"的连环套，同时又遇到了那些帮他解套的人。

"如果你不是丹·布朗，那么你是容金珍（《解密》主人公）吗？""通过读《解密》，我们是否能够了解一些中国情报部门的情况？"读过《解密》的读者，反而对在情报部门工作过的作者更加好奇。对付这样的好奇心，麦家每次的回答都是耐心而残忍的："我不用经历来写作。我的写作是冥想式的。"

媒体还是来了，他们问什么？

当我们给德语区的媒体下了"对麦家不上赶着"的定义后，他们反而来了，而且呈"海陆空"之势：广播、电视、新闻周刊、网站、文化杂志……

那天我们本来坐在维也纳的"英国人"咖啡馆里，这里是维也纳知识分子和媒体人扎堆的地方。奥地利《新闻周刊》于2016年3月21日下午3点对麦家的采访，起初就定在这里。

此时是复活节前夕，欧洲除圣诞新年外第二重要的节日。大部分人都出门度假了。《新闻周刊》的政治部主任雷迈尔以为"英国人"会很安静，适合与这位中国知名作家深谈。不承想，咖啡馆里比往常还要人声鼎沸。打开的录音机又关上了。有人提议去晚上做活动的书店。于是大家起身换地方。

阳光照在维也纳古城中心的施泰芬教堂上和方石块路上。这座在"二战"中没有遭受摧毁的欧洲文化之都，到处都可以从容步行。雷迈尔问麦家，对维也纳印象如何。麦家说刚到一天，不好说，但直观感觉这里是一座大城堡，各种老房子围在一起，讲出一个欧洲童话。雷迈尔看着眼前经过的有轨电车，想了一下，笑了。他在一个瞬间借用了这个中国作家陌生而犀利的眼光，重新打量了一下自己每天熟视无睹的城市，认为麦家言之有理。

Leporello 书店很快就走到了。这是维也纳市中心的地标性书店，当晚麦家的朗读和对谈就要在这里举行。店里正凌乱着，能干的女老板在指挥员工准备活动场地。本来可以容纳60 位观众的活动区，要在这个夜晚迎接上百位报名者；下午5 点，奥地利国家广播电台会播出对麦家的采访，并且预告这场活动。书店的空间需要用什么魔法才能装得下这么多人呢？

麦家看到书店的台面上，自己德文版的《解密》已经堆成小山。他很喜欢德文版的封面，在一段鲜红灿烂的金鱼尾巴上，Mai Jia 两个字印得比书名还大，这是国际出版界惯用的畅销书设计。半截鱼尾巴很合麦家心意，滑溜溜地抓不住，这正是他要给《解密》的主人公定义的命运。他的中文版《解密》也码了一小摞，挨着德文版放着。还在杭州家里时，维也纳的书店发来一封信，转达一些奥地利读者的请求：在活动上，他们不仅要买德文版《解密》，而且非常希望收藏小说的中文原版。

女老板把我们直接领进了书店的库房里，并把里面的一个工作人员打发走。采访终于可以进行了。事后，我跟麦家开玩笑：中国作家在国际上行走，什么角色都要扮演啊，刚才你当了一回李克强——雷迈尔问麦家，怎么看中国经济下行？西方对中国崛起的担心是否成立？无论经济发展还是政治稳定，中国都比俄罗斯做得好，可是中国为什么不像俄罗斯那样咄咄逼人？

"我是一个作家，不是经济学家。"麦家提醒雷迈尔。"但是，"麦家话锋一转，"在中国作家里，我是比较关注经济的一个。前一阵股票下跌，我抽出了一部分，但是现在又把钱放回股市了。你说，我要是不看好中国经济，会把钱放回去吗？中国不像你们想的那么简单。"麦家停了一下又补充道："中国人其实又很简单。如果你现在来我们家，家里只剩下最后一块面包，我母亲肯定给你这位远道而来的客人吃，而不给她的儿子我。这就是我们中国人和世界的关系。"雷迈尔眨眨眼睛，感到自己需要先适应一下这种对话形式，不做思想、观点和立场的陈述，一开口全是鲜活的生活，中国人的思维是这样的，还是小说家麦家的思维方式是这样的？

　　麦家换了一个角度，从欧洲开始说事："一个叙利亚就把你们欧洲搞得焦头烂额，要是十几亿人口的中国不安定了，全世界也就乱了。"雷迈尔挤挤眼说："只会先影响到邻国吧。""才不呢，"麦家也对他挤挤眼，"中国人如果非背井离乡不可，肯定首选维也纳，要去就去最好的地方嘛！"大家都哈哈笑起来。麦家言归正传："所以，你们不要害怕中国强大，中国好了，大家都好。其实，目前中国只是经济强大了，文化还谈不上强大。"聊文学不是政治记者雷迈尔的强项，但他在结束采访前说的一句话，麦家说会写到自己当天的日记里去。雷迈尔说："看来，我们西方人应该不仅聊中国，还应该多和中国人聊中国。"

下午 5 点，奥地利国家广播电台准时播出了长达 5 分钟 30 秒的麦家采访录。

"麦家在中国是一个独特的文化现象，一方面，他的小说畅销数百万册，被拍成电影电视；另一方面，他也是中国声誉最高的文学奖项——茅盾文学奖的获奖者……"一个引人入胜的开场白，随后是那些敲打听众神经的词语：冷战、密码破译、数学天才、自闭症……

广播里对麦家生动而跳跃的描述，是由一个非常好听的德语男声来完成的。麦家的江浙普通话像一波一波的海浪，时而被清晰地推到前面，更多时候则隐在背景中。

王刚和《英格力士》的德国遇险记

"在中国有 150 万个王刚。"

王刚坐在汉堡红树街上一家传统悠久的德国餐厅里,告诉在座的各位。虽然汉学家们也懂中文,但是大家还是有些蒙。"就是说,中国叫王刚这个名字的人有 150 万个,我是其中之一。"王刚又解释了一遍,"有瑞士朋友说,这个数量相当于三个卢森堡!"一桌的德国人加上我听了都有些张口结舌,卢森堡人口乘以三,这么多人叫同一个名字,我们是应该祝贺王刚呢,还是替他感到沮丧?

从王刚的脸上看不出更多的表情。晚上 10 点了。他的文学之夜完满结束。此时他已经喝了一杯红酒,正在吃北德冬季才有的时令大餐——绿菜煮咸肉,味道比他原本想点的牛排更美。这个王刚可以不在意剩下的那 150 万个重名者,因为他是小说《英格力士》的作者。这部 2004 年由人民文学出版社出版的小说,如今有了德文版,他正在德国六座城市巡回登场。

中午时分，他独自坐火车从哥廷根到汉堡，一路阳光灿烂。在安静舒适的车厢里，他戴着耳机听莫扎特，眺望窗外在冬天依然保持绿色的原野。还有比这感觉更百分之百的"在德国"吗？他很享受。但是在汉堡中央火车站下车后，他的沉醉感消失了。来接他的女士一直没有出现。他用中国手机拨打联系人的德国电话号码，被告知号码有误。火车站里，人们行色匆匆，没有人注意到他的失落。像一件无人认领的行李，他站在那儿等得渐渐绝望了。当过电影编剧的王刚，产生了走进一幅接一幅的画面的幻觉：在这个周六的夜晚，他将不会出现在汉堡的礼堂里，虽然屋子里坐满了前来参加他的文学活动的人们，但他这个主角却失踪了。没有人知道他在哪里，他也不知道该去向何方。以他的英语水平，他会给自己找一家上好的餐厅，点一大份牛排，加上一瓶干红，独自消磨掉这个夜晚。然后走遍大街小巷，如果运气好，他还能敲开一家没有客满的酒店的门，为自己找到一张干净的床铺……

　　这些戏剧性的场面当然都不会在现实中出现，因为他后来打通了我的电话。为了晚上主持王刚的活动，我正在电脑上查王刚和《英格力士》的资料。我和王刚多年前在北京有过一面之缘。这次在他出国前，我们俩互加了微信。这么淡薄的交往，我若不用功，就很难设计出一场内容丰富的文学对话。我正在纳闷，怎么关于王刚＋英格力士的信息，在2009

年之后网上就为零了？他还写作吗？

突然我的手机响了，屏幕上出现一个国内的号码，摁下去出来的就是王刚的声音。这个在新疆出生长大的男人，却以假乱真地带着北京老乡的腔调。我马上答应找人去火车站"救"他。在德国唯一的一次独自上路，王刚险些被一系列的误会给弄丢了。

玛雅是在不来梅出生的德国女人，年过四十，仍然有一张不生皱纹的光洁秀美的脸。她的亚麻色的头发多年前就在脸庞边挂起一缕银丝，现在，亚麻色和银灰色已经变得你中有我、我中有你。她在驻中国的奥地利使馆和歌德学院工作过14年，此间嫁了个中国老公，在北京通州买了房。她喜欢一本中国小说，叫《英格力士》。2009年的某一天，她去参加在京老外爱逛的一个文学节，认识了王刚。那时《英格力士》的英文版刚面世，王刚告诉玛雅，德文版也会很快出版。玛雅等不及，马上读了英译本。小说里那个在新疆长大的汉族男孩刘爱，让她心软，但随着故事的发展，她又拿不准，刘爱是不是值得她继续喜爱。更加打破她的中国小说阅读经验的，是刘爱的父亲，一位在"文革"中受迫害的知识分子，他自己的做人表现却并不干净。一个非常吸引玛雅的复杂的故事。可是，直到2013年回到不来梅工作，玛雅仍然没有在德国书店里发现《英格力士》。

一天，她请住在不来梅附近的老汉学家高立希喝下午茶，聊一聊可以合作哪些文化项目。70多岁的高教授退休多年，在空闲时间翻译了不少中国当代作家的作品。高教授如数家珍时，玛雅几乎不相信自己的耳朵，她听到了《英格力士》这个书名。远在天边，近在眼前，高立希居然就是《英格力士》的德文译者。可是书在哪里？

"一本书也有自己的命运。"高教授引用古希腊的谚语，讲了《英格力士》在德国的遭遇。王刚在2009年对玛雅的承诺不是诳语，德文版原本打算在2010年上市。然而，高立希在这年的11月意外地收到了德国出版社的违约信。违约的理由高教授至今也无法理解。出版社是这样写的："经过长时间的内部讨论，我们决定解约。理由是，这本书讲述的是一个男孩和他的男老师之间的爱情故事。目前，德国社会对性侵男学生的丑闻正抱有极其强烈的反感和抵触。如果一个人愿意，他完全可以这样曲解这本书讲述的故事。我们的社领导担心，这本书若出版，或遭忽视，或被批评。我们不能承担如此大的风险。"《英格力士》讲的根本就不是刘爱和英语男老师的爱情故事！不管王刚和高立希把这句实情重复多少遍，德国出版社都不再搭腔了。

译者高立希心里十分不忍，翻译过中国众多名作家的作品，他却对这本出版不了的小说情有独钟。以他的文学经验判断，《英格力士》比大部分中国小说更契合西方读者的阅读趣味，因为里面的人物呈现出深刻而丰富的内心世界，作者出色地完成了西方读者期待的人物深层心理勾勒。而且，他也认同中国一些文学评论家对这部小说的评价：如果说中国终于有了自己的成长小说，那么第一部就是《英格力士》。就连技术环节，在高立希看来都刚刚好：《英格力士》有一个合适的故事长度，大部分中国小说都倾向于写得太长了……可是，作为译者，高立希左右不了出版商。出版的世界就像一段人生，有不少永远说不清的恩怨。《英格力士》在版权签约并完成翻译后，遭到它的德国出版商的弃置。直到 2014 年春天，《英格力士》才落户在德国一家小而美的出版社。德文书名玩不起汉语的语言游戏，于是叫作《英语老师》。

玛雅生活的不来梅，地处易北河边，作为汉萨联盟城市曾经显赫一时。今天，昔日的辉煌不再，但对多元文化的开放心态依旧。得知《英格力士》德语版的下落后，玛雅联络了法兰克福、哥廷根、汉堡、莱比锡和海德堡的孔子学院，与不来梅携手联合邀请王刚来德国，为《英格力士》做朗诵和交流。她不仅深信这个故事会吸引德国读者，而且也想助那家勇敢的小出版社一臂之力。在国内，从来没有人邀请王刚朗诵过自己的作品，中国没有作家朗诵的传统。不过王刚一点都不犯怵，他给自己的解释是，德国人能一口气听 9 个小时的瓦格纳音乐会，听他的朗诵应该小菜一碟。

王刚在汉堡登台时，系着一条质地优良的红围巾，戴着黑框眼镜，寸头。总之，得体而文雅，与他本人浑然一体。

他说："你们真的那么想学维语？想让我留下？"

教室静默下来，阿吉泰想错了，男生们对任何语言都不感兴趣，连汉语他们都不想学，更不要说维语，而女生们已经盼望了很久，她们等待的是英语课，English 很快将会像第一场春雨一样荡漾在你们看来是那么遥远的天山，降临到乌鲁木齐的河滩里，以及在学校旁边十七湖的沼泽上。

德国观众问："在'文革'期间，又是在新疆这么边远的地方，学校里居然开英语课，这是作家的虚构吗？"王刚回答："是真事。我小时候没有想过这个问题，长大成人后也觉得奇怪。我后来查了不少资料，我能给的解释是，在 20 世纪 70 年代初，毛泽东在学英语，所以就让我们也学学。"

一个德国老者问："两年前我从乌鲁木齐坐夜火车回北京，我身边坐了一个在新疆教俄语的汉族年轻女教师。你现在已经不是'文革'时期那个小男孩了，如果你今天在新疆遇到教外语的老师，你怎么看他们？"坐在台上的王刚和提问者对视了一会儿，说："中国人现在以极高的热情学习各种外语，到处都是学外语的人，教外语的老师也比比皆是。但是我肯定，当年英语在我们心里唤起的那种强烈的、无限美好、优雅和自由的感觉，现在这些学外语的人都无法体会到了。"

我在网上查王刚时，找到了一个奇异的细节，作为主持人，我当着观众向他求证："你写的是'文革'中非人性的故事，但是听说，你想让故事从始至终保持一种温和细腻的语调，于是边写边听莫扎特的《D大调长笛协奏曲》。真有其事吗?"

"我不仅常听,自己还吹莫扎特的长笛曲。"王刚说,"很多作家热衷于描写残忍的细节,我见不得血,我觉得,一定还有别的方法把那个时代的暴力写得淋漓尽致,但不用残忍来吸引读者。"

"你觉得你的写作和其他作家还有哪些不同?"

"中国写'文革'的小说太多了!"王刚回答道,"但是都有一个规律,就是好人是绝对的好人,坏人是绝对的坏人。'文革'的故事,全是好人受折磨,坏人施恶的故事。可我在小时候,就从我父母身上发现这个道理是不对的。于是我想,在'文革'时还是一个孩子的我,就来忏悔吧。我想告诉你们,在'文革'中,连作为孩子的我也干过坏事。事实就是这样。我们学校在大礼堂给老师开批斗会的时候,我还小,虽然没有像大同学那样去暴打老师,可是我也冲上前去,踢了老师几脚。"观众席间静了一会儿,然后我们滑向别的话题了。没有人对来了一个自我忏悔的中国作家表现出很大的激动,虽然这样的坦白在国内的公共场合几乎听不到。不过,这静默的一小会儿,让所有在场的人都感觉踏实,这是饱含默契的几秒钟。

这天晚上的最后一个提问是:"王刚,你的故乡还是新疆吗?"他毫不犹豫地回答:"除了这个地方,我们这群在新疆生长的汉人别无他乡。"随后是掌声,长得让王刚有些不知所措。

吃完晚餐，睡了一个很短的觉，王刚在汉堡一共停留了不到 20 个小时后，又坐上火车，向下一站不来梅出发。玛雅会到车站接他，他的历险该结束了。

爱生活如爱啤酒 | **A**

王安忆：重回北德

"我们没有孩子。家里就一个男孩和一个女孩。"王安忆的丈夫李章笑着告诉我，还调皮地眨眨眼睛。我恍惚了一秒钟，马上回过味来。李章的意思是，他就是家里的那个男孩，王安忆是那个女孩。我再次细细打量他们俩，怎么看都是一对很有亲人感的夫妇。

我们三人正在德国北部的小城吕贝克穿行。波罗的海距离这座约 20 万人口的城市只有 20 分钟的车程。强劲的海风会在某一个巷子口席卷我们，打透我们的身体。这时，王安忆深蓝色的棉麻长裙突然像一面张起的船帆飞扬起来；而拐一个弯走到下一条小街，海风又瞬间消失得无影无踪，只有满地满墙的阳光。于是，她的裙子收敛起来，垂下优美的波纹，裹着她，在这座中世纪风格保留完整的小城里行走。

这是 2014 年 7 月 23 日。这天晚上，汉堡市文化部和汉堡孔子学院联手为王安忆举办一场文学讨论会。白天，我们忙里偷闲，坐火车离开了汉堡去吕贝克。此时，她一个人走在我们前面，专心寻找多年前她住过的那家家庭旅馆。

　　1987 年，三十出头的王安忆随中国作家代表团访德。她的德国出版商希望趁此机会，留她在德国多待一段时间，一方面好好谈谈她的书稿，另一方面让她了解一下德国。在代表团启程回国的前一天，王安忆欣喜地接到了国内有关单位的批文，她获准一个人在德国继续停留一个月。今天，"驻城作家"已经是各国间文化交流的一个常规项目，比如一个文化机构出资，邀请外国的一位作家来本城居住两到三个月，除了最必要的关照和尽义务的寥寥几场交流活动外，作家是自由的，完全独立安排自己的日程，用自己的眼光和心情去发现这座城市。王安忆负责的上海市作家协会，几年前就曾邀请过一位汉堡女作家来上海"驻城"。但把时钟调回到 1987 年，中国还相当闭塞。一位中国作家可以离团在海外自由行动，几乎是天方夜谭。幸运的王安忆尚不习惯支配这种巨大的自由感，她选择了从汉堡前往小城吕贝克。

　　与上次来访相隔 27 年，这是一个怎样的时间概念呢？走累了，我们坐下来喝咖啡。王安忆对丈夫感慨道，我在复旦教的学生某某和某某，都是 1987 年生人，现在都读我的研究生了。而在这 27 年间，王安忆自己从一个初出茅庐的知青文学作家，发展成中国当代文学最重要的女作家和国际文坛的载誉者。她的长篇小说《长恨歌》获 2011 年英国布克国际文学奖提名，2013 年法国文化部授予她文学艺术骑士勋章。

在世界各国频繁出行，早已不是什么难事了。她在体制内的高端身份，令她有很多被安排的国际差旅。但她更喜欢和丈夫两个人的私人出国旅行。虽然语言几乎不通，也无人接应，但两人却非常享受，且比在国内出门还有安全感。王安忆是那种不在意身份而在意自身本质的倔强女人。也许，27年前那次突如其来的自由感，给如今要在国外独立旅行的渴望埋下了种子。

　　这次来汉堡，她找不到当年那家名叫"天地"的中文书店了。听我告诉她这家书店已经关门多年，她毫不掩饰伤感之情。1987年，就是天地书店的老板黄先生亲自开车把她从汉堡送到了吕贝克。把王安忆留在家庭旅馆后，黄老板的表情有些尴尬。"当年的吕贝克是那么老旧、灰暗，我觉得黄先生很歉疚，似乎为把我丢下而不安。"王安忆对我说。

　　接下来吕贝克的一周，成了王安忆一段很特别的经历。深入骨髓的孤单，可能是在她心里留下的最重的滋味。多年来，吕贝克在她的词典里一直是异国他乡的代名词。

　　小城里大部分的房子，都有四五百年的历史，至今每年还有4000多座房子需要修缮，使得市政府负债累累，以至市长都坐不起飞机去绍兴缔结友好城市。而波罗的海在1987年这个夏天也表现不佳，王安忆待的那一周，吕贝克持续阴冷，她记忆里这座小城的主色调是灰色。

　　"来了一个中国姑娘。"小城流言很快就传开了。有一天，王安忆在旅馆里接到一个电话。一个男人的声音说着奇怪的中文。他说他开了一家木偶博物馆，跟王安忆住的地方就隔一两条街。他的收藏里也有中国木偶，想邀请王安忆去参观。王安忆就同他去了。傍晚，这个名叫法埃的德国男人，还请她和他的朋友们一起聚餐，并很绅士地为她买了单。这里没人把她当作家，在大家眼里，她是一个在当时实属罕见的天外来客，一个"中国姑娘"。让王安忆起疑的是，法埃说他除了开这家木偶博物馆、去全世界收集木偶外，自己还在汉堡的北德电视台有一份摄影师的工作。一个人怎么可以活得这么天马行空呢？直到王安忆再次访德，出其不意地看到扛着摄像机的法埃冲她微笑，才信了他没有诳言。

这回汉堡市文化部在邀请王安忆时，问她有什么心愿。她只提了想去趟吕贝克，小城距离汉堡也就45分钟的火车路途，一个很谦逊的请求。故地重游其实是件冒险的事，保留多年的记忆可能会被撕扯变形。王安忆几乎清晰地记得木偶博物馆的每个角落。74岁的法埃已经退休，只有他的大照片挂在墙上。博物馆向上扩建了两层，来自五大洲的木偶加起来有上千件了。"每个木偶都藏着一个秘密。"若法埃在，他一定会这样告诉大家。看得出，王安忆不习惯木偶博物馆的变化。还有整个吕贝克也变得现代而宽阔了，"像重新刷了油彩的舞台布景"，她抱怨了一句。

在市中心绕了好几圈，最终，王安忆当年落脚的那家家庭旅馆还是一个谜，藏在一扇扇紧闭的老门里，不知是哪个。跟李章念叨了那么多年的地方，都身临其境了还是找不着。王安忆叹起气来，李章却没有失望，他的妻子有时在上海家门口的菜市场转一圈，还会找不回家。当年王安忆一个人孤零零住在吕贝克，李章在上海上班。他告诉我，他们俩上山下乡回城后，分在同一个文工团工作。王安忆业余喜欢写作，李章喜欢谱曲，两人都很勤奋。"她比我有才华，运气也比我好，后来她成名了，我没有。"李章说得很平顺，一个不嫉妒妻子的男人。苏北出生的李章做了一辈子音乐出版，退休后，开始和拥有悠长假期的大学教授妻子在世界上双飞。

我们准时回到了汉堡。汉堡的孔子学院坐落在一个美得让德国人目眩的地方。多年前，上海和汉堡结成友好城市，上海市政府把一个豫园的缩小版赠送给汉堡，汉堡市贡献出市中心一块高雅的地段，安放这座一木一石都从上海运来的园林。然而，王安忆却觉得这个地方太冷僻了，连出租车司机都不能对"豫园茶楼"做出点头即出发的反应。她的直觉是对的，她是继莫言之后第二个在汉堡"豫园"登场的中国作家。"国家为文化走出去花了多少钱，都算不清了。可是效果怎样呢？"她提出这个问题，甚至变得忧虑。

但是在7月的这个傍晚，豫园里却人气很旺，连多一张椅子都加不进来。《一个城市和它的文学记忆》是王安忆设定的演讲主题。她坐在古色古香的亭子里，四周修竹环绕，几步之遥是豫园的水榭。在这个"非常上海"的汉堡地盘上，她告诉德国观众，作为终生寓居上海的作家，她为什么在《长恨歌》里写了一个上海小姐的故事，她的城市写作和大多数作家的乡土写作有何不同，她为什么要在大学里引入创意写作课程……

非常蹊跷的是，《长恨歌》至今没有在德国出版。而英文版、法文版、西班牙文版甚至意大利文版都已经上市多年了。德国的出版市场，为莫言领诺奖时在外面裸奔的廖亦武一年出一本书，但对引进非政治批评式的中国文学作品却谨小慎微。王安忆对此不太在意："读书写作的时间还不够，真的没有精力去想版权的事。"她甚至对德文版空白也很通达："欧美很多人现在还是冷战思维。"那么，为了帮助欧美人理解中国，我们是不是应该先给他们定制一些"初级启蒙版"的中国故事呢？与王安忆在亭子里对谈的德国汉学家马可，就在谈话间通俗地用小笼包比喻上海人的地域性格，赢得了一片笑声。王安忆对此温和地不置可否。

也许是教堂布道传统的延伸，德国人喜欢参加作家朗读会。但他们一般不参加没有德文作品的作家的活动。理由很简单，若喜欢上了却无法阅读，岂不糟心？为了准备王安忆的这场文学讨论会，我特地约了莫言的德文译者之一、住在汉堡的郝慕天提前翻译了《长恨歌》的一个片段，章节由王安忆"钦定"。她选了第一章第一节"弄堂"。本来就有些疯狂的郝慕天如期译完，却不依不饶地认定，若让德国观众只听这个部分，王安忆非在汉堡栽跟头不可。"一点情节都没有啊！"她在电话里对我大喊大叫。那就当散文听呗。我没有告诉郝慕天的是，《长恨歌》的开头在中国读者当中也是充满争议的，因为它太"王安忆"了，密密麻麻全是细节。王安忆自己给出的理由是，先要搭好舞台，才好请人物上场。

郝慕天属于那种比较另类的汉学家，她带上她的大狗，直接把车开到汉堡市中心，在活动前一天下午"绑架"了王安忆和李章。三人坐在阿斯特湖边的露天咖啡馆里暴晒了两个小时，终于敲定了新增一个朗诵环节，也就是女主人公王琦瑶被杀前几天的场景，充满对话和心理活动描写。咖啡喝完后王安忆中暑了，郝慕天则连夜译完了她认为能够拯救王安忆的那个片段。

荀莫尔先生个子不高，儒雅淡定，称自己是德国唯一一位作家兼公务员的双栖人类。他是汉堡市文化部的文学总监，在王安忆的文学讨论会上坐在第一排。活动结束后，观众们久久不肯散去，趁着迷人的夜色，请王安忆签名、合影，还有无数个补丁问题。荀莫尔先生耐心地等在一旁，等到教堂钟声敲响9点的时候，他不动声色地率领我们一行人，从豫园的月亮后门溜出去。步行不到三分钟，我们就坐进了一家汉堡风味十足的餐厅。严谨的公务员先生把一切都安排得天衣无缝。

终于放松下来。大肉大鱼和北海手剥小虾仁一盘盘端上来之后，荀莫尔先生举起酒杯，代表汉堡市政府祝贺王安忆的活动圆满成功。大家都饿坏了，立即抄起刀叉。喝下一杯雷司令，荀莫尔先生渐渐放下公务员的姿态，恢复了作家本色。他对王安忆说："你知道今天晚上我最大的收获是什么吗？"王安忆用大眼睛看着他，等他往下说。"无论是第一部分散文式的书写，还是第二部分人物心理活动的描绘，都具有很高的文学品质，这无须我赘言。但最让我惊奇的是，你的文本没有一点点让我不适的陌生感。陌生感是以前接触中国文学作品时常出现的，但今天没有。你写的是中国故事，但是是世界文学。"王安忆笑了笑，继续吃北海手剥虾。

我想，假如德国有豆瓣读书，参加完这场活动的人都会在《长恨歌》上点"想读"。但是德国没有豆瓣，王安忆也从不上网。她是我认识的第一个自绝于互联网的人。

君特·格拉斯：
他拔腿一走，结束了一个时代

2015年4月13日，汉堡街头洒满阳光，但是从波罗的海吹来的北风还是很刺骨。我在星星沟这个区穿行，街两边的每栋房子都被喷满了涂鸦，像一个浑身刺青的人。这里混乱、慵懒，堪称汉堡城里的小柏林。我等着见从柏林来的朋友，无意间读到两则新闻：希拉里·克林顿宣布竞选下届美国总统；君特·格拉斯逝世。

希拉里的新闻让我无动于衷。可是，格拉斯怎么死了呢？除了惊愕，还有伤感和懊悔。我不能原谅自己，一直到他死，我都没有去见他。死亡总是让人措手不及，因为我们这些活着的人，都固执地活在一个"还有明天"的幻觉里。

格拉斯住在离汉堡60公里的吕贝克小城郊外，13日这天因为肺炎感染，死在当地一家医院里。就在两周前，汉堡塔利亚剧院上演由格拉斯的小说《铁皮鼓》改编的话剧，格拉斯来汉堡观看了首演。结束后他说："最好的事情发生了：我在看话剧的时候居然忘了，这个故事是我写的。"德国媒体称，这是他死前最后一次公开露面。这样的安排竟像是命运的神来之笔。1999年格拉斯凭他在1959年发表的长篇小说处女作《铁皮鼓》荣获诺贝尔文学奖，临死前他又返回到《铁皮鼓》这个原点。

我曾经和柏林文学中心的主任乌里·雅内茨基有过一个共同策划，我们打算在2014年邀请中国的诺贝尔文学奖获得者莫言前来德国，与君特·格拉斯进行对话，地点安排在格拉斯吕贝克郊外的家中。同时，我们请上《铁皮鼓》的电影导演、德国新浪潮代表人物施伦多夫，三人聚在格拉斯的隐居之所，谈文学、电影以及作家和艺术家在社会中的责任与身份。不仅如此，柏林电影学院的毕业班将就这次会面拍摄一个纪录短片，从年青一代的视角，记录上一代巨匠们的东西相遇。这将是两个诺贝尔文学奖和一个奥斯卡电影奖（电影《铁皮鼓》曾获奥斯卡金像奖最佳外语片奖）齐聚的重头戏。

柏林电影学院的学生们对这个不同寻常的项目表达出很高的热情。格拉斯和施伦多夫也都喜欢这个策划，表示愿意在德国躬逢莫言。万事俱备，就等莫言定一个赴德的时间了。可惜，莫言那方给出的回复是，鉴于莫言从2012年获诺奖后忙于各种社会活动，难以抽身回到写作，他决定要从2014年春天开始闭门写书直至年底，望谅解。还有比作家要写作更大的事吗？于是我们的计划搁浅，大家约好等莫言有空再说。

之后不久，我们看到莫言出现在巴西世界杯的看台上。大家都笑了，如果我们是莫言也会这么做。但同时也不禁感叹，格拉斯这个老英雄的魅力到底不如从前了。

近两年，德国媒体几乎把格拉斯忘了，或曰忽视。若有报道，也是将他丑闻化。倒是国内有一些朋友对格拉斯保持着遥远的关注。他们结合中国国情，十分赞赏格拉斯作为作家终生对社会政治表态的做法。大家很想了解他现在的态度和立场。柏林文学中心的乌里刚退休，因为跟格拉斯私交很好，乌里对我说，已经打招呼了，你什么时候想见格拉斯，随时给你约。

为什么我总是拖着没有去见格拉斯呢？在得知他死讯的几个小时里，我不断反省自己。可能我觉得这个思想强悍的人身体也是强悍的？可能近在眼前的反而没有紧迫感，就像住在北京的人十几年也不进故宫？可能是我潜意识里觉得他没有新鲜的话题了？我无意中迎合了德国媒体对格拉斯的冷处理。

可是，格拉斯的死让德国媒体重新焕发出对他的狂热。我在心里祝愿，上帝能送给格拉斯的最好的礼物，就是让他在死后的48小时内还魂，坐看那些曾经一边倒地批判他的媒体，用赞美潮水般地扑打他。他一定很开心。乌里证实过很多人对格拉斯的观察，他是一个把自己看得很重、极度自我中心的人。他需要光环围绕着他。还有更让格拉斯欣慰的：从前那些在一片批评狂潮中噤声的异议者，现在也终于敢于站出来为他说话了。他又变成媒体的宠儿，大家整齐一致地把他推到他生前就应该被放置的那个崇高地位——德国"二战"后最伟大的作家。死亡犹如一种解禁。格拉斯一死，人们回望他身后的60年，发现他活着时的唯我独尊并不为过。他拔腿一走，结束了一个时代，德国人失去了他们最重要的文学声音。

但是，我同时请上帝不要让格拉斯还魂超过48小时。过了这个魔法时刻，格拉斯将会回到生前的愤怒和失望，因为到了第三天，报纸、网站、电视的头条，又变成了奥巴马和古巴和解、大众汽车董事会主席和他的首席执行官不和之类。这个世上没他格拉斯什么事儿了。

德国媒体铺天盖地的悼念文章，其实反反复复都不外乎在说三件事：

第一，用《铁皮鼓》为格拉斯盖棺论定。总有人说，无论格拉斯之后费力写了多少大部头，都再也没能超越自己处女作的高度。他死后，德国媒体谈论得最多的，也是《铁皮鼓》。虽然格拉斯是一个充满争议性的人物，但是在对《铁皮鼓》的评价上，敌友皆握手言和，一致认为它是在20世纪50年代对德国后纳粹社会和文坛的一股驱魔力量。《铁皮鼓》以它的现代性涤荡了阿登纳时代的纳粹遗留的浊气，开辟了德国战后文学的先河。

可是我觉得，这个巨大的评价过于德国历史语境了。在世界上，那些没有德国战后经验的各国作家和读者里，钟爱《铁皮鼓》的大有人在，却出于完全不同的原因。美国畅销书作家约翰·欧文 20 世纪 60 年代初在维也纳上学时，读到了《铁皮鼓》，几乎能大段地背诵，他说没有《铁皮鼓》，就没有他的小说的诞生。加西亚·马尔克斯也说过，没有《铁皮鼓》的影响，他写不出《百年孤独》。格拉斯那毫无节制又充满力度的语言，那甚至有些伤风败俗的性描写，那史诗般的画卷感、古怪的幽默感和肆意的想象力，代表着他的天才爆发力，击中了全球读者的心。德国著名电视主持人 Ulrich Wickert 说，德国人其实不了解格拉斯对世界文学的影响，否则就不会严重低估他了。

第二，用《剥洋葱》为格拉斯定罪。格拉斯一生都在反省。2006 年，79 岁的格拉斯出版了自传体小说《剥洋葱》。作家对人生的反省，如同剥洋葱这个意象，一层又一层，眼睛还会被熏得流泪。虽然有批评家嫌格拉斯把这个大多数人都讨厌的蔬菜描写得啰里啰唆，但它仍然是格拉斯写出不少失败作品后的又一杰作。可是一切好评都被一笔勾销，因为《剥洋葱》的第 126 页（德文版）埋了一颗定时炸弹。格拉斯在这里告白，17 岁的他在"二战"结束前的几个月，参加了武装党卫队。虽然连一枪都没有放过，也没有迫害过犹太人，但是，光误打误撞、加入过这个纳粹犯罪组织的事实，已使他罪感深重。随着一日长于一日、一年长于一年的沉默，耻辱感也在增加分量。

他坦承，这个史实成为他写《剥洋葱》的一个重要动力。

媒体将这个细节作为爆炸性丑闻，对格拉斯口诛笔伐。丑闻的冲击波极强，全世界愕然。格拉斯为什么不早说呢？连德国总理默克尔都在问。人们不能理解，那个在 32 岁时写出文学里程碑之作、在 72 岁获得诺奖的大作家，为什么在 79 岁高龄时才说出 60 年前那为期几个月的历史污点？对他这一代人，这点事也不是什么新事。更让人无法原谅的是，多年来，格拉斯都在高举道德旗帜，批评所有能被批的人，把自己变成德国社会的道德脊梁，整天举着食指，教育他这一代人要严格反省在"二战"期间的所作所为。他自己的丑事却掖着藏着超过半个世纪之久。这件令格拉斯名誉扫地、从此背负道德伪君子之嫌的丑闻，在几乎所有的悼念文章中都没被落下。

格拉斯从来不回避争辩，他甚至乐此不疲。但是他这次给出的解释却让人听不懂。他说，他多年来一直在为这段经历寻找一个恰当的文学表现形式。而且，为了把它写成书，他作为一个作家需要几十年工夫的准备。

除了白描式事件回顾，在一些悼念的文章中出现了理解的声音。还是约翰·欧文，他说他当年在《纽约书评》为《剥洋葱》写评论时，就批评了那些斥责格拉斯的人。难道格拉斯要把他一生最隐痛的事情轻易地透露给一个记者，让记者去曝光吗？他当然要自己写出来，为此他需要勇气和时间。在

《剥洋葱》中他终于写出来了，我们应该对他充满敬意。更有意思的是一位"80后"的德国女作家博桑，她写道，事实上，这件事情不仅关乎德国人的集体罪感，尤其关乎格拉斯自己对年轻时犯下的罪行的个人感受。那个时时刻刻对邪恶与不公发起进攻的小说家，原来自己并不从始至终都是一个抵抗勇士。看清楚这一点，不仅格拉斯很难堪，我们也感到很不舒服，因为我们本来天真地相信，这个世界上凶手和受害者是截然分开的……格拉斯现在是栽了。但是，他的告白以一种格外强大甚至挑衅的方式，再一次告诫我们，他们这一代人是处在一种怎样复杂的道德困境里，而我们又是多么难理解他们。他的告白，害得我们这一代的日子也变得不轻松，他直逼我们要去面对历史的矛盾性。他讲出这件罪恶的时候，让我们终于与他目光平视。

第三，作家应该就是当作家呢，还是应该承担起对社会政治、道德的批评责任？

这个问题对格拉斯本人是不存在的，因为他是要百分之百承担社会批评责任的。他生前还大声疾呼，所有的作家和知识分子都须意识到自己的公民责任，要对社会政治问题积极表态。他的一个同行形容他，一见话筒，就要发言。格拉斯死后，德国舆论界在这个问题上意见迥异。《时代周刊》认为，格拉斯代表的这种作家类型，不仅很少见，而且正在成为很多当代年轻作家坚决拒绝成为的类型。在他文学生涯的最后 20 年里，他几乎成了一个被拒绝的象征。德国思想领域的讨论在趋于细微化，政治的归政治，文学的归文学，艺术的归艺术，让你说你就说，除此之外，请安静，请坐。像格拉斯在 20 世纪 60 年代，敲的不是铁皮鼓，而是竞选鼓，直接把社民党第一个总理（联邦共和国时期）推上台，这种来自文学家的政治能量在今天是没有释放的空间了。他的社会民主倾向促成的行动力和参与感，让他在当代德国社会变得很不入时。在他之前，德国文学传统里也只有布莱希特秉持这种特质。

2012 年，格拉斯发表了一首批评以色列原子弹政策威胁世界和平的诗，起名《非说不可的话》。一个德国人可以批评以色列犹太人吗？以他的敏感身份，可以说格拉斯肆无忌惮地冒犯了德国的主流政治方针。从那以后，媒体对他大加讨伐，这个高度遵守政治正确的德国媒体，除了丑闻化，对他几乎失去了兴趣。以色列政府禁止他入境。

今天早晨，我读到《法兰克福汇报》的一篇文章，报道以色列对格拉斯去世的反应。虽然格拉斯的全部作品几乎都被译成希伯来文，但绝大部分悼念文章谈论的都是《非说不可的话》这首诗。以色列历史学家和记者 Tom Segev 宽容地写道，虽然格拉斯写了这首诗，可我们希望最后留在人们记忆里的，是那位在战后促使德国进步的文学家，这首诗不过是一个昏昏老者犯下的错误。

在多伦多，约翰·欧文的书桌上，摆着一封格拉斯于2015年3月23日写给他的信。欧文痛心不已的是，他没有及时给格拉斯回信。在信中格拉斯写道：他还在参加各种活动，只是他的心脏和肺部让他感到不堪重负，这也是他自己对自己干的坏事，多年抽烟所致。不过他很感恩，因为他的大脑还在正常运行，一如既往，思维敏捷。

施密特：那个解释世界的人

当伟人还活在我们这个世界上的时候，这个世界是什么样子？

我们感到安心。有任何问题，我们都能问他，从他那里得到答案。无论世界怎样分崩离析，都有他的智慧罩着我们，我们总有方向感，不至于迷失。

2015 年 11 月 10 日下午，德国前总理赫尔穆特·施密特离世。德国举国上下一片哀声。《时代周刊》的大标题是：他走了，谁还向我们解释这个世界？《汉堡晨报》的头条是：他现在给上帝解释世界去了。

施密特是在汉堡郊外的家中、自己的床上安睡过去的，享年 96 岁。离他从总理职位上卸任，时光已经过去了 33 年。地处汉堡市中心的市政厅广场上，人们在绵绵阴雨中撑着伞，排两个小时队，为的是在摆在市政厅里的哀悼簿上写下自己对施密特的思念。最不善表达感情的汉堡人，在此刻有表达感情的强烈需求。

那时我正在北京的地铁上晃荡。外面是深重的雾霾，地铁里面的空气也不怎么样。我有些想念刚离开两天的汉堡。那里的生活虽然比不上北京激动人心，但空气永远是清新的。地铁上的新闻广告屏幕很小，而且无声。我无意间扫了一眼，看到一张还是年富力强的施密特的照片，下面滚动的字幕说：德国前总理施密特逝世，他是德国战后的第五届总理，也是中德建交后第一位访问中国的西德总理。

那个在1975年跟毛泽东握手的、57岁的施密特，和我这两年在德国电视里、媒体上看到的90多岁的老人，似乎是截然不同的两个人。容颜衰枯可以不论。当了8年西德总理的施密特，是一位雷厉风行的实干家，一个坚毅、犀利、得理不让人的男人，他那像开动的冲锋枪一样的语速和超凡的辩才，让他获得了"大嘴施密特"的外号。在治理西德期间，他虽然赢得了国内和国际的广泛尊敬，但像绝大部分政客一样，并没有赢得爱戴。德国人对他的爱，几乎是在他步入八九十岁高龄后才疯狂生长并达到巅峰的。这使他最终的历史地位甚至超过了阿登纳和勃兰特。垂垂老矣的他，缓慢得像一头大象，无论是点烟的动作、吸烟的节奏，还是回答问题时思考的长度以及语速，都和电影中的慢镜头别无二致。那个曾经精力过人、犀利无比的男人，好像变成了一片柔和而深沉的夕阳，与这个世界和解了。但我知道，这是一个错觉。当作为观众的我们经过耐心等待，终于听到了他的发言时，我们感受到的，是刀锋般的尖锐和钻石般的明澈；我们听到的，是所有执政的政治家不敢说出的勇言，是最著名的经济学家不敢道出的真相。

为此而敬仰他，同时也不失惆怅。在施密特身上，我想篡改歌德的名言：生命是灰色的，而思想之树常青。

从客观上看，施密特任职总理期间（1974—1982）并没有发生历史转折性事件。他不是阿登纳，在一片废墟上领导了德国的战后重建，他也没有像勃兰特，在波兰人面前下跪，成为全世界重新审视德国的一道道德风景；他甚至没有政敌科尔的幸运，成为统一东西德的功臣。他的勇于担责的个性，使他享有果断处理危机的声誉。1977年9月，西德恐怖主义组织红军旅绑架了西德资方协会主席史莱尔，并在摩加迪沙劫持了一架有91名人质的汉莎飞机，要求交换西德在押的红军旅恐怖分子。西德几乎陷入内战的边缘。施密特拒绝了与恐怖分子做任何交换，唯一一次向国外派遣了联邦部队，成功解救了人质。但是，恐怖分子在自杀前杀害了史莱尔。担责对施密特意味着，他要一生独吞史莱尔被杀的罪感。在《时代周刊》大厦里为友人准备的哀悼簿上，我读到这样一条留言：施密特坚决不向恐怖分子妥协的行为，对我们今天的世界尤其是一个伟大的榜样。

他也是到目前为止，德国唯一一位被自己的政党——社会民主党倒戈的总理。在与苏联抗衡的北约双轨决议问题上，他坚信自己的原则判断，不惜站在自己所属的政党和广大社会公众的对立面，于1982年被科尔取代而下台。30年后，社民党新一代的主席加布里尔向施密特坦承，自己就是当年反对他的那个愣头青，但是时间告诉世界，是施密特对了，其他所有人都错了。先知先觉者往往被牺牲掉，这是历史习惯重演的一幕。

下了台或退了休的国家领导人各有各的活法。施密特下台时64岁，正是精力旺盛、经验丰富，而且在国际政坛上流光溢彩的时候。法国总统德斯坦、美国外交家基辛格、中国改革家邓小平、新加坡执政者李光耀都是他的终身好友。他接下来做点什么好呢？最让我感兴趣的故事现在开场了——施密特怎样成为那个解释世界的人。

他在汉堡的友人、德国著名的自由派知识分子刊物《时代周刊》的老板格尔德·布塞留斯向他递出橄榄枝，请他出任《时代周刊》的出版人。这是一个大胆而极有争议的人事决定。请联邦前总理来做出版人？《时代周刊》装得下这头巨兽吗？难道办公楼的走廊里从此要一直站着保安人员？让这个位高权重的人和一群编辑坐在一起聊天？他会不会把以独立立场著称的《时代周刊》变成一份社会民主党党报？

接下来的32年里，当年的部分担心成了真。施密特在时代周刊大厦六层顶头的那间小小办公室，果真成了川流不息的德国和国际名人的造访之地，这尤其让新来的编辑们大跌眼镜。编辑会也如期召开。施密特参加的是每周五中午12点至下午1点的时政部例行编辑会。他去世后，有老编辑统计了一下，除去因旅行请假外，施密特一共参加了约1500场时政编辑例会。他总是最先到场，也最先开口发问的那个人。有时，编辑们因为跟他观点顶牛而谈得不欢而散，比如他坚决反对土耳其加入欧盟，比如在俄罗斯乌克兰冲突激烈期间他去莫斯科当了普京的座上客。但是，到了下一个周五，大家又兴奋地期待和他交流。没有兑现的，是那个唯恐《时代周刊》变成党报的隐忧，这很快就被证明为彻底的无稽之谈。

如果说，君特·格拉斯是一位总想借助文学参政，但最后还是坚守文学阵营的作家，那么，他的汉堡老乡施密特就是那个在后半生转型为报人和作家，但目光从不离政坛的政治家。前两天，我回到汉堡就直奔时代周刊大厦，约了前副总编和现任国际部负责人纳斯见面。纳斯和施密特同在1983年前后脚进了《时代周刊》，纳斯那时还是个刚毕业的大学生。施密特和《时代周刊》共度的32年，对双方都是一件大幸事，纳斯这样告诉我。布塞留斯当年的考虑，是为他的朋友提供一个交流平台，让他退下来后可以继续与政治、经济和知识界的精英聚合。而施密特本人给《时代周刊》辐射的光芒和他为报纸带来的资源，也成为《时代周刊》发展的福祉。

布塞留斯跟施密特的君子协定是，施密特每年给《时代周刊》贡献4篇大稿，外加把报纸的销量搞上去。施密特超额地完成了朋友交给的任务。他变成一个勤奋的写作者，从1983年到去世，一共为《时代周刊》撰写了充满真知灼见的大稿282篇。至于销量，施密特有一次骄傲地对人说：好几年都超过了50万份。

"和他共事的30多年里，除了变老变聋，你觉得他有什么大的变化吗？"我问纳斯。"没有。"纳斯不假思索地回答，"除了给我们报纸写稿，他30年内写了30本书，话题都是切中当下时政中最重要的问题。"纳斯用他克制的语气，努力客观地向我解密他的老上级的伟大：施密特的独特之处，在于他有广博的学识和高水准的政治实战经验。不仅内政外交，而且对国防、经济他都有发言权和高瞻远瞩的见解。直到最后，高龄的施密特在思考和见识上，不仅总是最当下的，而且还是超前的。听了纳斯的描述，我想，原来这么多年来唯一老化的，只是施密特的身体。而就是这副躯体，还让基辛格羡慕不已。"早知抽烟能助寿，"基辛格在施密特90岁生日上说，"我从50年前就开始抽了！"烟不离手是施密特的不二品牌。让人费解的是，他每天30根狂吸不已的，是一款很女性的薄荷烟。

我们继而谈到作为作家的施密特。政治家都喜欢出书，问题是，这书是谁写的。因为绝大部分政治家的书都由人代笔，所以技巧娴熟但并不好看。在加入《时代周刊》前，施密特就有写一本书的心愿。然而和他的出版商Siedler的磨合，却花费了好几年的工夫。施密特固执地反对用影子写手，一定要自己亲笔撰写。出版商嫌他写得干涩，一点花絮都没有。而且，出版商希望他能写成传记性的，这样好卖。关于花絮，施密特让编辑去问他的夫人；关于传记，想都别想。施密特脑子里的写作计划，是以他亲历的国际政坛大事和大人物为核心，他本人并不重要。最后，作者和出版商还为了书名相持不下好几个月，眼看着这本书就出不成了。出版商希望该书起名为《大国领导者和他们的国家》（德文听起来十分上口），而施密特非要把顺序反过来。最后出版商险胜。后来市场证明，出版商是对的，该书卖掉了70万册，成为德国有史以来销量最高的政治类书籍，施密特成了畅销书作家。不仅如此，以后他每年出的书都毫无悬念地上德国图书畅销榜。他渐渐变成德国公众视野中智慧、理性和远见的象征。也许能帮施密特挽回一点面子的是，他的第一本书在中国出版时，中文书名为《施密特：大国和它的领导者》。

中国，对德国政治家和媒体而言，从来都是一个复杂的话题。我直截了当地问纳斯："施密特力挺中国的立场，是不是让他在德国主流话语界显得很孤立？"纳斯点点头，但马上补充道："其实我们心里都对中国抱有很深的敬意，对中国共同的兴趣把我们拉到一起，让我们经常有很多深入的讨论。"不过，在人权观点上我们有分歧。我相信人权的普世性，而施密特不这么认为。

这让我记起施密特在一次访谈中说过，人权这个概念是一个西方的发明，西方不应该用它传道士的勤奋精神再到世界各地拿人权布道了。不管别人摆出多少理由，施密特的最高原则都是一条：不干涉内政。各国有各国的情况。尤其像中国这样有着古老文明的国家，有自己独特的儒家传统。他有一次在私聊中对邓小平说："我觉得你不是一个马列主义者，你是一个儒家！"邓小平顿了几秒钟后，向他吼回去："那又怎么样！"排开抽烟的共同爱好不论，施密特认为邓小平是世界上最伟大的政治家之一。有人问施密特："从第一次会晤毛泽东开始，一共去过中国多少次，15还是16次？"施密特回答说："我不数"。但他是最早预言中国将成为世界强国的西方政治家。他其实一直在西方社会中告诫年青一代的政治家，要去了解中国，要重视这个未来的强国。小时候，我经常听广播里把西哈努克称作中国人民的老朋友。现在，施密特也得到了这顶桂冠。

好像在有意跟时间赛跑，这几年来人们用电视、报纸、图书的方式，向施密特提出各种各样的问题，生怕问迟了，就来不及了。默克尔是好总理吗？如果希拉里当选是好事吗？欧盟挺得住吗？我们未来的生活会怎样？……被希腊债务、难民潮、恐怖主义、欧盟等等问题搞得焦头烂额的政治家也频频向施密特请教。大家心里都明白，活在当今世界上的人，还有谁像这位世纪老人，亲身参加过世界大战，与血腥的恐怖分子做过生死较量，与苏联开展过核谈判，还见过毛泽东？对我们来说是理论和书本的东西，他都真刀真枪地做过。不问他问谁？而他又超脱于政党和政权的狭隘利益之上，让人信任。

现在，这个向我们解释世界的人走了。站在他的办公室门外，我看到墙上挂了一幅书法，镶嵌在一个朴素的镜框里。这是 2003 年中国时任驻德大使马灿荣先生为施密特手书的苍劲无比的"寿"字。我给纳斯解释了一下。他笑了：看来这份礼物还真起了不少作用。直到 2015 年 8 月，96 岁的施密特仍坚持每周三次来办公室上班。

叙事人席拉赫

一

冯·席拉赫本来是个显赫的德国贵族姓氏，有400多年的历史和自己的族徽。这个家族出过很多律师、作家和知识分子。但在今天，如果一个德国人听到这个姓氏，首先联想到的，却是臭名昭著的纳粹分子巴尔杜尔·冯·席拉赫（1907—1974）。每个上过学的德国人，都会在历史课本里读到这个名字。他是被纽伦堡审判认定的24个纳粹战犯之一，从17岁起忠心追随希特勒，曾任希特勒青年团领袖、"二战"中纳粹驻维也纳最高行政长官。是他下令将数以万计的奥地利犹太人驱逐出维也纳，用火车把他们遣送进集中营。鉴于当年纽伦堡审判掌握的证据不足，他侥幸逃过绞刑。国际法庭以"反人类罪"判处他20年监禁。他1966年出狱，1974年过世。

冯·席拉赫这个姓氏，从此成了后代子孙的重负，更不用说一笔勾销了400多年的贵族家室的荣光。巴尔杜尔的小儿子理查德写了一本回忆父亲的书，书名就叫《父亲的阴影》。我没有读过这本书，不知这片阴影的面积有多大。我只知道，理查德是一位知名的汉学家。他的博士论文研究徐志摩的新月派，他是溥仪《我的前半生》的德文译者，这两年在翻译沈复的《浮生六记》。

当德国作家费迪南德·冯·席拉赫终于答应来北京的时候，我才梳理清楚，汉学家理查德是他的叔叔。他的父亲是老纳粹的第二个儿子，在42岁那年自杀了。作家席拉赫和别的小学生一样，也是在学校的历史课上第一次读到了"巴尔杜尔·冯·席拉赫"的名字。跟同学们不同的是，教科书里的这个大罪犯是他的祖父。他回家去问母亲，母亲突然讲了很多话，可他听不懂。

席拉赫多年后回忆，他不满10岁的时候，被家人送到一所耶稣教会办的贵族寄宿学校，这是当年德国上流社会的一个传统。有一次，一位见习老师来代课，请学生们自报家门。班上的孩子们既有席拉赫这样大纳粹的后代，也有暗杀希特勒的抵抗阵营的子孙。见习老师以为是孩子们在成心捉弄他，不能相信这些互为仇敌的家族后代居然坐在一个班里上课。但作家席拉赫就是这么怪怪地长大的。跟他好了6年的初恋女友，其祖父就是1944年暗杀希特勒未遂而被处决的将军。

贵族寄宿学校是一个自成一体的封闭世界，有修道院的石头围墙把社会拦在外面。到了特定的人生阶段，这道保护层就会戛然脱落。20 世纪 80 年代，等席拉赫上大学的时候，他不再从母亲那里询问祖父何许人也，而是去图书馆查阅了纽伦堡审判中关于祖父的全部卷宗。

"对祖父的愤怒和羞耻感，把我变成今天的我。"席拉赫和我坐在北京一家购物中心打发时间的时候，我想起他曾经写下的这个句子。但他还写过，他真正认识的祖父，只是一个跟他下过棋、还送他一把银质小刀的老人。这是一个四五岁小男孩的模糊记忆。其他的一切，都是历史和他人的叙事。

我是他将要在北京出席的文学活动的主持人，活动就在这家购物中心的书店里举行。正月十五还没过，北京城里有些空旷。北风刮得很大，天蓝得出奇，一片片 30 多层高的楼房，在蓝天的衬托下，有种超现实的姿态。来的路上，他坐在车里直摇头："2000 万人口的城市，不可思议！德国媒体对中国报道了那么多，但我们对这个国家还是一无所知！"

这是席拉赫第一次来中国，只待两天。他讨厌旅行，认为所有不写作的时间都只是要被过掉的时间。写作一开始，时间立即被赋予意义。我们待在"要被过掉"的时间里谈东谈西。他有问必答，措辞精准，但从不长篇大论，不多占对方的时间，这是一种骨子里的礼貌。

我问，在他的长篇小说《科里尼案件》里，虚构的成分占多少？我是这部小说的中文译者。有一次，火车晚点，我在柏林的中央火车站滞留了两个多小时。车站的书店里，席拉赫的《科里尼案件》几乎占领了半个书堆。火车站本来就是个放大孤独感的地方，让人总想尽快逃走。可是，我翻开《科里尼案件》后，居然忘了自己身在何处，差点误了回家的车。

在历史反思这个问题上，中国人一直高看德国人，敬佩他们对纳粹罪行无休止地揭露和忏悔。但是，《科里尼案件》颠覆了我的印象。它讲了1968年联邦德国的一桩立法丑闻，导致绝大部分纳粹罪犯的罪行被姑息。小说出现前，这个丑闻只在很小的专业圈子里被讨论，之后也被人们渐渐淡忘了。

"整个案件都是虚构的，"席拉赫说，"唯有那条被动了手脚、帮助纳粹逃脱罪责的法律条款是真实的，至今还在生效。"他看了看购物中心里那些巨大古怪的所谓造型艺术，又说，还有些小细节也是真的，比如小说里的那个大庄园，就是他小时候长大的地方，还有童年回忆中的小男孩，就是他自己。我想起他前不久在一个访谈里说，虽然今年他55岁，但想起自己的童年，却感觉那是19世纪的事。从4岁起，他就跟着母亲搬到外祖父的大庄园里生活。和后来的寄宿学校一样，外祖父的家也是一个与世隔绝的世界，红土的网球场，长满睡莲的池塘，一切都是缓慢的，有家仆、园丁、厨娘、车夫、看林人……"那个世界已经从现代社会彻底消失了。"

我们头天在北京见面时，他行的吻手礼很有趣。我把手伸给他，他握住，低下头象征性地在我的手上吻了一下。象征性指的是，他的嘴唇保持离我的手背约一厘米的距离。这个举动老套但得体，把我逗笑了。他拿手机拍下购物中心里功夫熊猫的造型时，我拿定主意，接下来的活动上，我们不提他那位纳粹祖父，谈文学与法律就好。

二

"席拉赫是一位了不起的小说家。"德国《明镜周刊》这样评价他。"小说家"这个德文词的本意是——叙事人。

2009 年 8 月，在柏林开律师事务所的刑辩律师席拉赫出版了自己的第一本短篇小说集《罪行》。那年，他 45 岁。同行们对他的评价是，为人谨慎，绝不轻易交友。因为家族里出过多位法官、律师，他从事律师这个职业似乎顺理成章。最早办理的案件中，他代理过前东德政治局的高官君特·沙博夫斯基的案子，那位 1989 年因出言不慎意外导致柏林墙倒的政客。为沙博夫斯基的成功辩护使席拉赫名声大振，明星律师的光环一路笼罩。近 30 年来，他加起来办过 700 多起案件。

从某一晚起，他开始失眠。当然，还有些别的原因，打成一捆"动机包"——他对我使用了这样一个法律术语。总之，他开始写作。后来有记者问，写作是否跟他的祖父有关。他回答道：也许是下意识吧。他比任何人都清楚，要恪守律师对当事人的保密原则。他精心营造的每一个故事，至今没有引起任何对号入座，但又真实得就像发生在身边。好像我们本来只是好奇地盯着站在法庭上的被告人，他的小说却把我们的目光拉长，带我们一直走进那个人的生活，尤其去看那些在日常表面看不出来、无人关注也没有被语言表达过的东西。不知不觉中，我们从他的故事抵达了人性深处。"相信我，每个人都是混合体，"他盯住我的眼睛说，"纯善或纯恶，只在功夫熊猫里有。"

当他把失眠时间写就的 11 个犯罪短篇小说发给出版社时，得到的是清一色的退稿信——这么短的句子也叫文学？今天谁还读短篇小说？

只有一位出版人愿意出他的书，这就是后来他的经纪人马赛·哈特格斯。席拉赫对马赛说，如果你能把我的书卖掉6000 册，我就动手写第二本。可是，马赛的目标是卖掉 100万册，他觉得席拉赫的小说太棒了。《罪行》出版后，不仅在德国疯卖，还成了国际畅销书，一并打破了德国当代文学在国际上不吃香的魔咒。当今世界非常重要的德国艺术家安塞尔姆·基弗甚至把席拉赫的小说当睡前故事，读给他的两个孩子听。"他的语言力度，就像水晶，冷得彻骨，亮得耀眼，而且简约到极致。"用油彩、沙土、钢铁、铅皮、灰烬、感光乳剂、稻草、柏油等多种材料创造过一个非凡世界的艺术家，对席拉赫使用的唯一材质——文字，盛赞不已。陪席拉赫同来北京的马赛悄悄告诉我，前不久，有位国际出版巨头向他倾诉衷肠：当年，明明花 1 万欧元就能买到这本书，但不愿意买，现在即使心甘情愿掏出 100 万欧元，却再也抢不到席拉赫了。

什么叫文学眼光？这就是！

我找到了德国媒体对席拉赫的第一篇采访稿。正是那篇文章一锤定音，使刑辩律师席拉赫作为小说家一举成名。采访登在《明镜周刊》2009 年 8 月 17 日那期。采访的前半程在席拉赫的律师事务所进行，后半程，记者跟着他去了拘留所，见他代理的当事人。采访正式开始前，记者看到席拉赫的办公桌上摆了几张血淋淋的照片。那是他刚接手的一个案子，他顺便给记者初步分析了一下墙上血痕的走向，说明哪些可能性大概可以在第一时间排除等。为了清晰界定下面要采访的不是刑辩律师，而是作家席拉赫，两人最后换了个房间谈话。

其实，最初的那个采访把席拉赫持续了 30 年的职业场景宝贵地定格下来。那时，他每天不是去作案现场，就是去法院、拘留所，在办公室研究案情，晚上回到家还要准备第二天的工作。"法庭是世界上最孤独的地方。"席拉赫在人来人往的购物中心告诉我。但他喜欢，那是一份责任。跟当事人保持距离，是制胜的关键。无论他有罪与否，刑辩律师最终要辩护的，是当事人的尊严。5 年前，他才彻底放弃律师职业，全心全意投入写作。

那次采访登出来的照片，跟我此时在北京看到的席拉赫相比，有些微妙的差别。照片上的他，居高临下，站在柏林拘留所生锈的铁制镂花楼梯上，脸刮得十分干净，不像现在留了灰白的络腮胡。发际当年就退后得厉害，露出宽阔的大额头。身着灰西装，左手提着典型的黑色坚硬公文包，一身标准的律师扮相。这次，他随身携带的是一个精巧的棕色软皮包，有独特的弧度，大小正好放下一台轻盈的苹果电脑，满足他随时随地的写作需要。包的提手合适地套在他的手腕上，他可以挎着包，同时把手插进夹克的衣兜里。这是欧洲一家老皮革店特意为他定制的。从北京回德国后，他的第十本书《咖啡和香烟》将要上市，并毫无悬念地登上畅销榜，所有电视脱口秀都争相邀请他。从衣着到外形，他比 10 年前柔和了。

采访里登出的另一张照片，是他祖父在纽伦堡法庭接受审判的场景。这张照片的说明文字跟照片同样冷硬——罪犯的孙子当了刑辩律师。不得不承认，10 多年前的这篇老文章，仍给我触目惊心的感觉。原来，席拉赫作为作家一亮相，首次出现在德国公众面前，祖父的幽灵就被拎出来，放在他身边，一点脱离干系的时间都不留给他。这个姓氏在德国社会依旧如此刺激神经吗？

我听说，如果他发现某些媒体把注意力过于放在他祖父的话题上，就会取消采访。不仅如此，他也会拒绝回答各种关于个人隐私的问题。

三

2011 年秋天,《科里尼案件》在德国出版后,长时间畅销。然而,这段日子,德国司法界和席拉赫本人却不怎么好过。这是一部追责之书,直接批判了联邦德国司法部门姑息纳粹罪行。小说出版 4 个月后,当时的司法部长宣布成立一个历史调查委员会,重新审定战后司法系统对纳粹罪犯的处理问题。席拉赫则一脚踩中媒体的雷区:一个纳粹的孙子来写纳粹题材!他甚至不得不发表类似声明,统一回答媒体关于他祖父的提问。

我们在北京度过的这个文学之夜,距离《科里尼案件》在德国首次出版已有 7 年。人民文学出版社作为中文译本的出版方,安排了李洱与席拉赫对谈。李洱也是人民文学出版社的作者,刚刚倾力 10 余年完成了长篇著作《应物兄》。这个组合不仅把两位年龄相仿的大牌作家拉到一起,而且安排的是一个法西斯和一个反法西斯的后代进行交流——李洱的祖父辈有从延安出来的抗日将军。

席拉赫来中国前,读了李洱德文版的《花腔》。一见到李洱,还未握手,他就说,我们写的是同一个题材!李洱哈哈大笑,立刻请席拉赫喝咖啡。但是购物中心的咖啡不好喝,两人约了下次在柏林由席拉赫请喝真正的咖啡。活动开始后,席拉赫首先向在场的观众推荐《花腔》。"这是一本必读书，"他说，"三个人从三个视角讲述他们各自认为的真相。可是，谁说得算？什么才是历史的真实？我认为，李洱和我是同一类作家，尽管风格不同，但我们都试图用文学来探索所谓真相与历史真实之间的关系。"

这也是《科里尼案件》处理的主题。科里尼是个意大利人，在德国奔驰汽车厂干了34年的机械工。他退休后，在柏林最豪华的阿德隆酒店，以无比残忍的方式杀害了一位八旬老者。被害人迈耶，是德国工业界德高望重的人物。刚开业的年轻律师莱能接手了这桩案子，当上了科里尼的法定辩护人。科里尼对谋杀行为供认不讳，整个作案现场的证据也确凿无疑。年轻的律师越来越沮丧，这似乎是桩没有胜算的案子，但他不愿放弃。支撑小说发展的唯一悬念，就是科里尼的作案动机。一生遵纪守法的科里尼，为什么要杀害一个跟他毫无交集的人？科里尼像坟墓一般保持着沉默，席拉赫则把肮脏的历史罪行一层层套进看似按部就班的司法程序中。

按照德国的文学习惯，李洱先朗读了一段作品，正是科里尼在酒店套房里残杀迈耶的描写。我紧接着把德国总统的问题抛给席拉赫。德国总统施泰因迈尔也是席拉赫的读者。他在前不久访华期间听说《科里尼案件》被译成中文，席拉赫将来北京，很高兴。但他调皮地请我替他提一个问题：小说必须写得那么残忍吗？

"残忍的细节不能省略。"席拉赫认真地回答。他的论证方式似乎又回到了律师身份：在作案现场，如果死者的头上有一个枪眼，可以判断凶手实施的是冷酷的谋杀。但是，复仇的作案现场从来都是疯狂的。科里尼是在复仇，而且是用一生的愤怒来复仇。残忍的细节是对他复仇行为的必要印证。

后来的活动并没有按照我这个主持人的计划进行，其间出了一个岔子。活动前，我曾问过席拉赫，这个不到 8 万字的小长篇他写了多久，他说两年。他是那种慢工出细活儿的作家，每天规律写作 3 个多小时，写下的每一页都要修改 20 次以上，直到一切恰到好处为止。极简就是这么完成的，把所有工夫留给自己，让读者读起来不仅毫不费力，而且还丝毫不觉作者的用力。

在有差不多 10 万人通过直播观看的活动现场，我把这个事先准备好的问题提了出来："你花了多长时间写完《科里尼案件》？"

席拉赫想了一下，说："实际上，我用了一生。"观众席里发出轻微的笑声。我突然紧张起来，因为我同时意识到，坐在我左边的席拉赫此刻动了感情，而坐在前方的观众们却误以为他在调侃。

但席拉赫并没有要回避的意思，他正要进入对他而言十分重要的话题。这时，李洱机智地插话进来，他对观众们说："如果大家知道了席拉赫先生的家世，就会更加敬佩他写成这部反思之作，有多么了不起！"他简要地补充了我作为主持人在开场白中刻意省略的信息，也就是席拉赫的纳粹祖父。这个幽灵般的祖父，最终还是不可避免地"在场"了。

席拉赫对李洱点了点头。我发现，他不仅不反对李洱的介绍，而且领受了这位中国同行的敏锐和善意。

"德国人和他们的历史有一种复杂的关系，"席拉赫开始对中国观众讲述，书店里立刻安静下来，"德国纳粹对人类犯下的罪恶，可能是整个人类历史上最深重的罪恶。1945年，随着战争结束，大家都认为联邦德国进入到一个崭新的阶段，但实际情况并非如此。战后，德国政府所有重要的岗位，几乎都由以前的老纳粹留任。为什么会这样？因为战后不可能突然找到一拨新的人来承担这些工作。就连德国的联邦大法官和各个州的法官，也几乎都是由原来的纳粹继续担任。我们能对他们抱有什么期待呢？他们会对那些纳粹罪犯做出正确的裁决吗？

"随后发生的丑闻，就是《科里尼案件》的真实内核。战后，一个在纳粹时期司法部工作过的人，继续在联邦司法部担任要职。他修改了一条毫不引人注目的法律条文，瞒天过海，获得议会全票通过。这条法律生效后的直接后果，无异于对绝大部分纳粹分子进行大赦特赦，因为它宣布对纳粹罪行过期不咎。在这条法律的保护下，很多在战争中带着杀人乐趣或在办公室里组织屠杀民众的纳粹罪犯，在战后并没有受到任何惩罚。

"小说中的科里尼曾经试图请法律为他伸张正义，迈耶就是'二战'中下令枪杀他父亲的纳粹军官。当法律判定对迈耶的罪行不再追责后，科里尼采取了个人的复仇行动。"听到这里，中国观众没有像德国观众那样，提出"迈耶身上有你祖父的影子吗"之类的问题。大家更关心的是，如果法律不能帮助伸张正义怎么办，德国法院会给科里尼重判还是从轻？

读过小说的人知道，科里尼没有等到法律宣判的那刻。他在监狱里自杀了。席拉赫说，其实，来自法律的任何裁决对科里尼都丧失了意义，因为他已经完成了此生的使命。还因为他是一个善良的人，内心无法承受杀人的罪感，这就是对科里尼结局的解释。至于法律，人类历史从来有一个充满共性的困境——我们到底要不要遵守没有公正性的法律。

除了反人类的律条另当别论，前律师席拉赫会坚定地站在法律一边。他举了苏格拉底的例子：苏格拉底被不公正的法律判处了死刑，他的朋友们前来帮他，说我们已经为你打开牢门，你可以逃走了。但苏格拉底拒绝了，他说，我不会逃走，即使法律的判决是错的，它也是这个国家现有的法律。如果每个人都来自行宣布法律无效，就是对这个国家的背叛。

出乎我的意料，席拉赫在活动结束前主动提到了自己的祖父。"我们把纳粹在'二战'中犯下的罪行叫第一罪责，这是我祖父犯下的罪。那些在战后对第一罪责进行庇护和不咎的行为，我们称为第二罪责。我祖父犯下的罪，是他的罪，不是我的罪。但是，我认为，用文学的力量促使德国社会对第二罪责展开讨论，是我的责任。否则，一切还有可能重来。"

我没好意思告诉席拉赫，我觉得他很勇敢。告别前，他给我讲了一个故事。在古老的日耳曼人那里，有两个重要角色，一个是法官，另一个是叙事人。当残忍的事件发生，仇敌摧毁了整个村庄，房屋被烧掉，男人被杀戮，女人被强奸，老人孩子被驱逐……法官会在事发后进行善恶的宣判，然而无法消除人们心里留下的恐惧。这时，叙事人的角色变得比法官更重要。他要一遍遍、一代代地把发生过的事件讲下去。只有当人们及其后代真正知情了，恐惧和仇恨才会消除，伤痛才会平复，心灵才得以自由。

柏林：一个中国建筑的神话

跟爱德华·库格聊过的人，无论中外，都得出同一个结论：他可能是当今欧洲最懂中国建筑的人。

"可是你连中文都不会！"我直率地对库格说。

他正坐在我对面，我们中间摆着各自点的菜，他的是菠菜空心粉沙拉，我的是芝麻菜豆芽拌粉丝。这是柏林一家离他家不远的餐厅。他拄着手杖一瘸一拐走进来的时候，我觉得他比上次见面时更消瘦了。

库格有些腼腆地笑了，说："1989 年的时候我学了一些中文，可惜没有坚持下去。"

第一次见到库格，是在中国女建筑师徐甜甜的"乡村变迁：松阳故事"展览上。柏林有一家在世界上都屈指可数的建筑文化空间，叫伊达斯（Aedes），专门举办各国建筑师的展览和先锋话题的论坛。徐甜甜在浙江松阳坚持做了 5 年之久的乡村项目，2018 年 3 月在伊达斯空间展出，立即引起了国际关注。库格就是这个展览的策展人。

土木经典

2001 年，柏林举办第三届亚太周，中国适逢主宾国。极其节省的柏林市政府拨了一笔经费，支持伊达斯空间和库格做一个关于中国建筑的展览。当时的中国，正是一个热火朝天的建筑大工地。房地产起来了，各种建筑项目纷纷上马，国际建筑师也对这个市场跃跃欲试，想跻身其中分一杯羹。"我们不能拦着人家从经济利益出发想进入中国市场，"伊达斯的联合馆长柯美尔之前告诉过我，"但是我们的出发点是文化对话，因此，我们首先想弄懂的，是中国建筑的含义，以及中国建筑师正在追求的东西。2000 年的时候，我们对中国还一无所知，唯一跟中国能对上话的，就是库格了。"

其实，中国官方机构当时已经向德方提供了一份参展名单，然而赫然在列的，都是中国各地各级别的国家建筑研究院。对德方而言，这份名单不具备任何意义。他们要找的不是单位，而是建筑师，是具体的人和他们的作品。"太正常了，"我对库格说，"鸡同鸭讲是文化交流的常态。你是怎么破局的呢？"

主宾国框架下的项目都是自带官方属性的。作为一个建筑史学家，库格对此毫无概念。无知者无畏，他手里攥着一份极短的名单飞往中国。张永和是他 1999 年在北京参加国际建筑大会时认识的，同一年，他和刘家琨在柏林结识。之前，库格在一本香港杂志上见过刘家琨的作品，认为那是当时他看到的最好的中国当代建筑。库格给自己打气说，现在已经认识了两个人，中国那么大，至少能发现五个人，有了五个人选，就能把展览办起来。好在，这两位他认识的中国建筑师分别提供的候选人名单基本一致。

除了北京，库格还去了南京、苏州和成都，拜访刚刚兴起的独立建筑师事务所，寻找他心目中的"中国建筑师"。当他把精挑细选的名单发给中方，得到的回应却是，他找的人都算不上真正意义上的建筑师，他们代表不了中国。原因很简单，这些建筑师不属于国家单位里的设计人员。那个时候，建筑师拥有个人事务所还是一个极边缘的现象，并没有进入官方的法眼。

库格至今都很庆幸，他当年能和中国建筑学会的一位关键人物直抒胸臆。他对这位决策者说，你不必马上就懂我们做的事情，但是请你相信我，这个展览，将会彻底改变国际上对中国当代建筑的刻板印象。

早在 2001 年，从外部看中国当代建筑，看到的都是千篇一律的庞然大物，不好看，更谈不上质量。而在中国国内作为质量标准讨论的东西，在国际上也没有得到认可。库格观察到，中国之内和中国之外似乎形成了两个无法沟通的语境。这两个独自旋转的价值体系，彼此没有打通，互不相认。"打通"成了库格当年策展的核心点。

爱生活如爱啤酒 | **B**

理解和信任常常无法并驾齐驱。中国的这位决策人选择了信任先行。当时的中国，渴望国际社会的认可已经成为很多项目的驱动力。

于是，库格策划了他职业生涯中的第一个中国建筑展，这也是在欧洲举办的第一个中国当代建筑展。库格把它命名为"土木"。当时印制的展览册，红底黑字，中、德、英三语，英、德文题目甚至就叫"TU MU"，两个简洁到彻底的单音节词，颇挑逗不懂中文的观者的好奇心。副标题道出了展览的内核：中国的年轻建筑。

何谓年轻？看看那些被库格选中的设计师：张永和、刘家琨、王澍、张雷、马清运、艾未未及南大建筑的成员们。那时，他们当中有的人刚刚从国外学成回国，有的刚刚在国内出道，都不约而同地成立了自己的事务所，才做了几个小项目。王澍从来没有出过国，为了去柏林参展，他还得费劲办理平生第一本护照。

这些分散在全国各地各行其是的先锋建筑师，到了柏林才头次碰面结识。是库格用"土木"这个中国自身传统中诞生的建筑术语，把中国第一代独立建筑师聚拢起来。就像他在展览册导言里写的那样："直到20世纪90年代末，中国才诞生了第一批私人建筑事务所。尽管设计项目中的大部分都被那些动辄几百名设计师和工程师的大型设计院包揽，但那些年轻的事务所还是另辟蹊径，找到了发展空间……在一个社会里，当自由建筑师的职业形象开始被公众熟悉，私人业主开始实现自己梦想的时候，一种另类的立场是不可阻挡的……中国青年建筑师的新观念和美学意味，已迈入了当代建筑文化讨论的视野。"

十几年后的今天，建筑师事务所已经在中国大地上稀松平常。遥想当年，可以说，是库格按照他欧洲人的思路，第一时间敏锐地发现了中国独立建筑师的出现，并将他们当中的优秀者请上国际舞台，为他们打亮灯光，拉开大幕。

当时的中国驻柏林大使参观了"土木"展览后问库格，为什么你选的都是些这么小的项目？我们中国有的是大项目啊！

的确都是小项目，比如，张永和的作品是北京大学在青岛的国际会议中心以及长城脚下的公社里裂开两半的房子，刘家琨的展品有何多苓工作室和犀苑休闲营地，马清运做了两套探索方案，王澍提供的是苏州文正图书馆，南大建筑展示了南通学生宿舍楼和洛阳的一家幼儿园。

"质量与大小无关，建筑史的书写也从来与项目的体量无关。"库格解释道，"更何况，在小的项目中更容易实现创新。别看这些项目小，个性化都充分彰显，建筑物开始有了建筑师的名字，而不再是清一色设计院的集体作品。我们要重点介绍给国际建筑界的，就是这个新趋势。西方的思维里，创造性的工作总是和特定的个人联系在一起的。"

无论对中方还是对西方的观众而言，这个展览都站到了他们原有认知的对立面。猛一看，中国青年建筑师的作品会给西方人似曾相识的感觉。也难怪，他们中的大部分人都是在西方读的建筑。但是再往里看，这些作品自觉或不自觉地呈现出中国特有的空间感，部分来自园林传统的熏陶，再加上中国文化语境下对当代问题的非主流阐释，都使得它们格外新鲜起来。

"土木"展的成功，大大超出了库格和伊达斯空间的预期。伊达斯几十年积累下来的人脉网络都推荐了这个展览，连锁反应下，著名的国际建筑媒体几乎都做了报道。几位中国年轻建筑师的名字，一瞬间治愈了国际上谈论中国建筑的失语症。

库格和伊达斯的同人们当然非常高兴，他们先导性地点中了一个穴，激活了国际建筑界对中国的讨论。库格也完成了他对中国友人的承诺。来自西方的惊艳让中国国内很受用。"土木"展览后，官方逐渐认可了这批年轻的建筑师，并且聪明地发现了和世界沟通的成功要素是什么。

那时，库格的想法还很简单。他设想的是，柏林开了个头，之后其他人就会跟上，纷纷策划新选题，发现新的中国设计师，继续做大中国建筑这个题目。然而，情况却不是这样。"土木"之题经久不衰，一出现就成为经典，最后演变成一个神话。像极了中国电影的命运——1988年柏林国际电影节发现了张艺谋的《红高粱》，由此中国电影通往国际的大门被打开。2001年后，所有参展"土木"的建筑师也都从柏林走向了世界：张永和被美国麻省理工学院聘为建筑系主任；马清运担任洛杉矶市长城市发展建筑设计顾问；王澍在 2012 年获得普利兹克建筑奖，成为首位获得这项全球建筑领域最高奖项的中国人；刘家琨、张雷等人都成为中国和国际享有盛誉的建筑家。

松阳故事

对伊达斯建筑空间来说，"土木"只是他们众多的天才发现之一。设计了广州大剧院、银河 SOHO 等建筑而被中国人知晓的英国女建筑师扎哈·哈迪德，也是在青年时期被伊达斯发现，并作为时代先锋举荐给国际社会的。在世界建筑专业领域，小小的伊达斯拥有神奇的影响力。

"别跟我们学，"柯美尔馆长有一次跟我半开玩笑说，"我们没有盈利模式，每个展览都要从零开始筹资。世界上没有第二家机构能像我们一样，从 20 世纪 80 年代坚持到现在。但我们深知，这是唯一的路径，让伊达斯在建筑文化上保持思考和选择的独立性。无论商业还是政治都左右不了我们。"

"松阳故事"是中国驻德国大使馆的文化参赞陈平推荐给我的。中国政府只要在海外举办中国文化年，节目单里必有建筑展览。建筑作为国家文化实力的标志，已经在政府官员那里形成共识。作为外交官，陈平支持过瑞士、比利时、荷兰、意大利、德国等地的中国建筑展览。那些展览展示的，无一例外都是大都市的现代化发展。因此，陈平有资格说，库格策划、伊达斯独立运作的松阳故事极其独特，因为它首次把中国乡村的发展纳入国际建筑交流的语境。建筑师徐甜甜更是兴奋地告诉我，通过库格的策展和伊达斯的举托，松阳的建筑实践将对全球性的乡村问题贡献新的思路。

"是这样吗？"我问库格。坐在我面前的人，终生沉浸在欧洲与东方的建筑文化研究里，从他的全球大视野出发，松阳的建筑实践真的具备这么深远的意义吗？

"即使对我们德国而言，松阳都提供了一个新的可参考模式。"库格回答得很肯定。

早在2016年圣诞节，徐甜甜就专程飞往柏林，向库格和伊达斯介绍了自己在政府振兴乡村政策的扶持下所做的项目。和当年"土木"的那些人有一个相似之处，徐甜甜做的也都是所谓的小项目。比如在平田村，她没有简单地拆掉村口历史最早、最破旧的危房，而是只用80万到100万元的投资，对小开间、几乎下不去脚的老屋进行加固、采光、隔音、防渗漏等一系列技术处理，改建成村里的公共文化区。建成后，在杭州工作多年的茶染技师叶科返回老家，在这个空间开了印染工坊，除了用电子商务行销织染品，还为儿童和游客举办手工坊。

又比如，在兴村，徐甜甜设计了一座红糖工坊。红糖制造是这个盛产甘蔗的山区的传统手工业，炼糖的作坊一般小而脏，而炼糖的时间全年就两三个月，本来不值得去改造什么。但建筑师利用当地的竹子和夯土做建材，结合现代的采光技术，把红糖工坊演化成一个开阔明亮的制糖厂兼村民们的公共活动空间。徐甜甜向德国专家们解释，无论当地政府还是她和她的同行，都把松阳当作一个古典中国样本、一个文物来对待，用最小干预的原则进行建筑实践，在保护的前提下创新……

面对滔滔不绝的徐甜甜，库格的态度是谨慎的。哪位建筑师不对自己的作品充满激情？但他的经验让他预感，松阳项目后面也许藏着一个宏大的社会变迁启示。

目标锁定后，2017年9月，库格和柯美尔一行人到浙江松阳实地考察了十几天。在这个交通不便的落后山区，保留着70多个有数百年历史的传统村落。库格们天天顶着40摄氏度高温，调查、拍摄、记录，大量采访村民和干部。"没有半点文化偏见，没有任何居高临下的态度，"全程陪同他们的徐甜甜说，"这些德国人客观专业，我相信他们深刻地理解了松阳背后的社会故事。"

在松阳，库格们不问建筑师，而是把时间花在跟当地人的交流上。他们需要清醒判断的是，松阳的建筑实践，仅仅是建筑师和当地领导们的愿望，还是当地居民也认可了建筑创新带来的生活改变？通常，一个地区发展起来的旅游项目，会把当地人封锁在发展之外。外来投资人盖的酒店，跟本地村民半点关系都没有。库格们要考察的是，本地村民和本地发展是否捆绑在一起？他们是否也是乡村振兴发展中的获益者？"村民们才是这个村子上百年来的居住者。村子成为现在这个样子，是他们一代代人生活留下的痕迹，"库格解释道，"当然，我们不能要求村民们懂得发展大计的所有战略意义，但是在发展中不能抛弃他们。留住村民的参与，建筑实践才算成功。"

这不仅是人道主义的出发点，也是衡量一个战略是否可以持续性发展的关键指标。建筑的存在，是要加强而不是破坏当地人的身份认同感，建筑实践不应当把他们的故乡剥离得面目皆非。建筑从根本意义上讲是实用性的，当人们把这些建筑空间当作自己的空间使用时，建筑的意义才真正生成。库格其实一眼就能看出，村子里的建筑，是属于村民们的还是拒村民于千里之外。

"在世界各地，我们经常会发现一些设计得充满艺术感的建筑，却在使用上出了问题。"库格说，"比如，住房子的人会把房子弄得很脏，把垃圾丢在房子边上，不加以爱惜。但松阳让我们惊奇，所有的建筑物都非常洁净。这里依旧是村民们的家乡。"站在红糖工坊里，村长对库格说，这个建筑改变了我们的生活，以前只有街坊邻里聊天，现在村里有了活动空间，我们在这里放电影、演木偶戏，平时大家没事都愿意过来。库格坐在那个大厂房里，感觉像是坐在一户人家的客厅里，这里本是一个车间，却是那么干净整齐，一尘不染。他证明了自己出发前的预感。

在欧洲，也有在发展中被边缘化的广大乡村，年轻人去往城市谋生，空心村散落乡野，老屋残破。欧洲政府一般会向这些地区投放扶持款项，但至今效果都不佳。库格和柯美尔通过考察认定，松阳显示了一个自下而上的建筑实验，与世界任何地方都不同，可以为全球的乡村变迁提供参考模式。松阳的政府官员，倾向于从花钱不多的小型改建项目开始，边实践边纠错。哪怕有些小项目做得不成功，损失也不大。

把松阳地区众多的小型老村改建项目做起来了，就逐渐形成了趋势。村民们以前稍有点钱就想拆老屋盖新楼，通过5年的建筑实践，他们的意识转变了，懂得了老房子是宝。越来越多的人有了参与的心和一起做的可能性，如此涌动，则形成了一种自发的战略。行动在先，战略随后，这种与德国截然相反的做事流程，给库格很多启发。

给建筑策展的难度在于，怎么让普通观众理解建筑？库格采访了新建筑的使用者，从政府官员、村民到返乡青年，他们原汁原味、各不相同的讲述视角呈现了建筑带动的乡村变迁。库格为徐甜甜的每个项目都制作了一个短视频，悬挂在比图纸要直观得多的建筑模型上。鉴于松阳置身于巨大的自然景观中，伊达斯通过航拍制作了大尺寸的图片，表现建筑隐身在广阔的地貌中，渺小得若隐若现。展览空间的物理感受和实景环境的暗示，就通过静与动、大与小的反差感呈现出来了。

柏林伊达斯的松阳故事刚撤展，威尼斯建筑双年展就紧接着推出徐甜甜的松阳作品。松阳，成为国际上一个持续不断讨论的主题。德国《法兰克福汇报》的评价，从另一个角度肯定了库格对中国当代建筑的再次发现。"中国自己也意识到，不能再无限地扩展城市人口规模，大都市走到了被自己产生的垃圾与汽车尾气包围和窒息的地步。人们应该重新审视乡村生活的价值。在网状化的村庄，如何通过建设学校、商店、工坊和公共建筑来为以工业化为主导的城市提供另一个选择？松阳作品给出的答案，令人耳目一新。也许中国未来的出路并非畸形发展的大都市，而是那些紧密连接的村庄。"

徐甜甜开始频繁地在国际间穿行，到处受邀讲述松阳模式。2018 年的国际乡村论坛也选址松阳。当年"土木"展带起的连锁效应，十几年后又在松阳故事上复现。前不久我给徐甜甜打电话，她忙得不能跟我多聊，当时正有国内 100 多家媒体在松阳进行集体采访。

此时和我坐在餐馆里的库格，国际松阳热的"始作俑者"，却对松阳的未来发展不无担忧。松阳的独特模式，正是建立在它的历史文脉和村民参与上。如果发展得太快，现有的模式是否还可持续？"最好别太成功了，"他吸口气说，"太成功了，将吸引资本从外部汹涌而入，资本蛮横的力量会给村庄带来失控的改变。"

伯施曼：陌生的名字 伟大的记录

生于 1914 年的浙江吴兴人李承宽，是德国"新建筑"流派的重要成员。他使用的形式语言，看不出与中国传统建筑有任何相似性。但他对空间的处理，尤其是在自然景观中对建筑物的置入，却充满了中国精神。李承宽在德国留下的建筑作品，不仅为他赢得广泛的知名度，而且部分已被德国列为文物保护对象。

李承宽原本是一个拒绝中国传统的"新青年"。从 8 岁起在上海读新学堂，16 岁即到德国攻读建筑，他受到的教育，是要跟中国的传统彻底决裂。他跟那一代人中的多数一样，坚信中国的传统即糟粕，只有全盘西化才能救中国。而修正他极端思想、帮他学习中国建筑传统、带他领悟中国建筑价值的人，是他的德国教授恩斯特·伯施曼。

在柏林生活的独立学者库格是伯施曼和李承宽的研究者。他说，20 世纪 30 年代，伯施曼在欧洲大名鼎鼎，是一位研究中国建筑史与艺术史的泰斗级人物。伯施曼记录和收藏了浩如烟海的中国建筑资料，他的博士生李承宽得以从学术角度补习故乡的传统建筑知识。而伯施曼对中国建筑的热爱和阐释，影响了李承宽去发现中国建筑与自然景观之间迥异于西方建筑的空间感，并以抽象的形式把这些知识运用到他之后的建筑实践中。

库格说，中国古老的建筑传统可以用新的语言来表达，而精神内核也能在新的形式中流淌不息。这证明中国的传统无须抛掷，就能对现当代建筑持续发生影响。

一

在一个奇异的时间节点，当中国人还照旧生活在他们的老民居中，还日常地使用着他们的寺庙、祠堂、宝塔、亭阁，当传统建筑还是鲜活的生活场域，还没有变成一个干瘪了的或复制出来的文化标本时，有一个德国人对中国大地上的建筑进行了一次伟大的记录。此人就是库格的主要研究对象伯施曼。

恩斯特·伯施曼，一个至今在中国被尘封的名字。与他对中国建筑做出的贡献相比，我们甚至没有资格说，对不起，不小心把你遗忘了。因为中国人根本就不知道有这么个德国人，在清朝末年记录下来大半个中国的传统建筑。在他完成记录后不到 3 年，武昌革命发生，帝制被推翻，中国从此进入了翻天覆地的变革，伯施曼的大部分记录成为绝本。2011年，清华大学建筑学院教授王贵祥赴柏林参加伯施曼国际研讨会，不得不在报告中如实对国际同行们说，在我们中国，伯施曼是一个陌生的名字。

而无论中外，伯施曼都是对中国传统建筑进行大规模系统专业记录的第一人。如果说他成为中国建筑史和艺术史学家是一个偶然，那么中国对他的漠视也许是一个历史的必然。

1873年，伯施曼出生于东普鲁士地区的梅美尔。从夏洛滕堡工程学院（今柏林工业大学）毕业后，他进入政府部门工作，主管建筑事务。1902年，受政府委任，作为德意志帝国东亚驻军的建筑事务官员，伯施曼第一次来到中国，主要在青岛、北京和天津工作。他似乎不是一位优异的建筑师，因为德意志议会在日后审定他的中国建筑考察计划时，收到一份对他在中国工作的内部鉴定，说，伯施曼先生制定的营地建筑方案，没有从最经济的角度进行设计。

他的兴趣在别处。他爱上了中国建筑。一个偶然的机会，伯施曼看到一位德国同行锡乐巴对北京大觉寺做的手绘平面测绘图，深受震撼。中国建筑的独特美感让他着迷。很快，他使用类似的方法考察并记录了碧云寺。这批资料后来在德国主流建筑刊物发表，这是德国权威杂志首次登载有关中国建筑的内容，引起广泛关注。在北京期间，他还结识了德国著名的印度学及艺术史专家达尔曼。达尔曼向他传授了一个对他日后研究起决定性影响的观念，即东方建筑中包含着深刻的宗教精神与艺术本质。

到了19世纪末20世纪初，只有极少数西方人还用赞赏的目光打量中国建筑。这个时期诞生的中国游记里，西方人对中国建筑和城市景观的记载满纸贬损，"破烂肮脏"和"千篇一律"是这些文献中最常出现的词汇。靠18世纪传教士介绍和西方人自我想象构建起来的"浪漫中国"图景彻底消失了，顶多还残留在斯图加特生产的中国壁纸上，那上面印着美丽的花园，奇花异草中，坐在小亭子里的中国人幸福体面。

伯施曼却在中国建筑上找到了自己愿意投入一生的事业。1904年回到德国后，他耗时3年，用坚定的意志团结同盟，游说德意志帝国议会，申请研究中国建筑的经费。这是一个很出格的想法，因为20世纪初，在欧洲文化精英的脑海里，只有古希腊、罗马和埃及的建筑才是人类创造力的巅峰，中国建筑又算哪回事？

"伯施曼告诉德国的官僚们，"库格说，"与其把钱大量地投在古希腊、埃及和美索不达米亚的考古发掘上，为什么不对中国鲜活的传统建筑做一次系统的记录和研究？"伯施曼认定，中国的传统建筑属于古希腊、罗马和埃及这个顶级的世界文化矩阵，只是还没有被世界认知。

伯施曼继而以日本示警：自1868年明治维新以来，这个中国的近邻走上了一条全盘西化的道路，城市景观因社会巨变而急剧翻新，传统建筑从社会场域迅速退出。伯施曼十分担心，日本的情况也会很快在中国上演。欧洲列强包括德意志帝国，已经站在了这个天子执政的古老国度，每个在场的人都能从空气中嗅到巨变将至，这只是时间问题。"他比谁都焦虑。"库格说。伯施曼在德国极力呼吁，中国的传统建筑文化直到现在还是鲜活的，难道要等一切成为瓦砾废墟再去考古吗？中国的建筑文化属于世界文化宝藏，记录和保存刻不容缓，这对保存人类文化遗产具有重大意义。

"一战"前的德意志帝国膨胀着一颗殖民扩张的野心，他们已经签下青岛99年的租赁权，亟须了解中国这个东方古国的文化。站在文化的立场，伯施曼一生都在反对和批判西方的殖民政策，恰恰是西方列强的利益诉求，给包括中国在内的东方国家带来了灾难性的文化破坏。"但是，我们需要了解中国文化。"伯施曼写道，而建筑正是对中国宗教精神和哲学思想的恰当诠释。

帝国议会终于批准了他3年的专项科研基金。从1906年到1909年（光绪三十二年到宣统元年），伯施曼以德国驻北京公使馆科学顾问的身份，在中国开展了艰苦而系统的勘察和记录工作。

二

库格在他将近 600 页的鸿篇巨作《伟大的记录：恩斯特·伯施曼与中国宗教建筑（1906—1931）》中，整理、勾勒并分析了伯施曼的中国建筑考察工作以及他留给后代的文化遗产。

书里有一幅相当大的照片，是伯施曼和一位中国亲王坐在四合院里。这位亲王的尊姓大名至今还是个谜。照片上的伯施曼留着俾斯麦式的唇须，脚蹬皮靴，头戴猎帽，身披雪霜，一副出发在即的模样。亲王顶戴花翎，华服美靴，没有半点帝国将倾的颓气。

让我们试图回到 1906 年。33 岁的伯施曼开始了独自一人的中国建筑考察，比 1932 年中国建筑之父梁思成的首次考察早了 26 年，比 1919 年朱启钤重新发现北宋典籍《营造法式》早了 13 年。此时好像一个静悄悄的黎明，全世界都不了解中国建筑是怎么回事，包括中国知识分子在内。"建筑"一词还没有在汉语里出现。从 16 世纪的乔尔乔·瓦萨里起，西方便把建筑与绘画和雕塑并列进艺术史，而中国走的是另一条路。"营造"只是手工业的一种，根本没有进入中国文人学者的视野。伯施曼在考察测绘时，有时受到当地士大夫的哂笑，因为他干了弄脏自己手的活儿。中国虽有数千年的建筑，但并无建筑之学。这是一句中肯的话。

库格分析了伯施曼工作的难度。他虽然有帝国资金的支持，有最好的摄像设备和充足的差旅资费，但他必须从零开始。既没有专家，也没有专著，更没有一个体系能给他任何指引。

这个精力充沛、坚忍不拔的普鲁士人还是上路了。3 年中，伯施曼考察了清朝 18 个行省中的 12 个。当时没有发达的交通工具，也没有几条修好的路，他坐火车、行船、骑毛驴，最多还是徒步，算起来仅仅用脚就走了数千公里。一路上，他雇了一个翻译、一个厨子，因为搜集的资料越来越庞大细杂，最多时他要雇 30 个帮手牵驴。

回国后，他向外交部呈列的考察成果清单上显示，他自己拍摄加上搜集的庙宇、祠堂、塔寺、城楼、亭阁、牌坊和民居的照片，共计 8000 余张，实地手绘的测绘图、速写和笔记 2500 多页，采集石碑拓片无数，还留下上千页的口述历史笔录以及大量的文献。

伯施曼使用的是一台高茨（GOERZ）双消像散透镜，配一个长焦镜头。与其他西方人留下的影像不同，他是从一个受过专业训练的建筑师的视角拍摄的。1923 年，他在德国出版的图集《中国建筑艺术与景观》，一共展示了 288 幅，是从 8000 幅中选出的。从北京到承德，从四川到广西，从山西到广东，从湖南到福建，中国各地的庙宇、亭台、祠堂、宝塔、牌楼、民居、墓地，无不清晰而富于美感地表现出来。建筑物是画面上绝对的主角，人几乎隐逸不现。自从摄影技术从19世纪20年代逐渐完善起来，中国建筑还是第一次被如此主题明确、真实盛大地呈现在西方读者面前。真实的图像终结了西方对中国的凭空想象。

1935年香港有利银行发行的50元港币上，背面的主景用了伯施曼考察宜宾时拍摄的半边寺。据纸币博物馆介绍，该寺庙修建于明洪武二十四年（1391年），紧靠山崖而建，临江的部分悬空而立。到了20世纪二三十年代，朝廷没了，从前稳定的修缮资金不再有保障，庙门阁楼已毁塌。1956年修建内昆铁路真武山隧洞时，寺庙的残余部分被拆除，仅有石阶、柱础和石柱等废墟残留。随着后来的城市建设，残余部分也彻底消失。

在清末，庙宇林立，其中很多享有朝廷的资助。大部分寺庙不仅是宗教场所，也是旅人的过夜之所。伯施曼可以在这里住下，从容地工作。他的工作极大程度上依赖本地的"专家"。他称为专家的，并不是建筑专家，而多是寺庙里的僧人。他们给伯施曼讲述当地的掌故，寺庙的礼仪，香客的习俗。不过，他们也告诉这个德国人，这座庙距今已有上千年的历史了，而眼前立着的这个建筑物，却可能只有百来年的时间，谁也说不清楚，这座庙到底经历过多少次的损毁和复建。伯施曼拍摄、测绘、速写、实录口述，收集当地县志等历史信息，并且把所有相关细节准确地记录在案，不漏过庙内各尊菩萨的名称与位置，寺庙上的横匾题词和立柱对联，还有影壁与石碑、木柱和石磴。

伯施曼留下了大量的建筑内景手绘图，比如普陀山法雨寺，在那些精准的线条和比例中，每尊菩萨的位置都被画得清清楚楚。半个世纪后，普陀山上 1.5 万座佛像都在"文革"中被砸碎。我们这些于灰飞烟灭后长大的人，只能看着伯施曼的手绘图，沉浸在历史的想象中。

三

作为在西方受过现代教育和严格专业训练的建筑师，伯施曼对中国建筑群的中轴对称、与自然景观的依存关系、内外空间的关联流动，有一种高度的敏感。他从对建筑的研究，生发到理解中国人的哲学和宗教思维方式、伦理道德以及审美观念。大至结构，小至脊兽，他试图从中阐述建筑蕴含的中国宗教与思想。这些追求都凝聚在他日后出版的学术专著中。

伯施曼认为，等他做了足够多的记载之后，就能建立起一个数据档案。档案可以帮助以后的研究者分析出中国建筑是否有地域差别，建构上是否有关联性，相互间有哪些影响。伯施曼从开头就说，他只负责建立档案，至于分类整理的工作，应该留待后人。

他很清楚，他记录下来的大多数建筑，不久将会永远消失。

伯施曼 1909 年 10 月回到柏林，此后，除了"一战"夺去了 7 年的研究时间，他一生都致力中国建筑的研究，并培养了像李承宽这样的人才。他一直希望找到合作者，共同完成对中国建筑分类整理和研究的工作。1930 年，中国营造学社成立，伯施曼非常高兴，与梁思成先后加入，成为学社的通讯员。1934 年，伯施曼利用第二次去中国考察的机会，两次拜访梁思成，提出合作的建议，均没有得到采纳。民国时期的中国，已经印证了伯施曼早期的预感，城市和乡村的巨变，与他记录下来的面貌恍如隔世。而非常遗憾的是，梁思成拒绝使用伯施曼走遍了大半个中国建立起来的档案资料。

虽然 1934 年的两次会晤都没有谈成合作，伯施曼依旧锲而不舍。1937 年，他成功地推荐了梁思成成为柏林东亚艺术研究会的荣誉会员，试图为合作造就一个新的机缘。"如果不是战争，他们也许还有合作的可能性。"库格几乎自言自语地说，建筑不是只有一种书写和定义的方式，从空间关系和宗教精神来研究中国建筑的伯施曼，完全可以对梁思成的中国建筑研究做出相得益彰的补充。

如果说梁思成的工作重点是放在中国特有的木结构建筑研究上，那么伯施曼则注重研究宗教和文化在建筑中的含义，以及中国建筑讲究的和周围自然景观的和谐关系及空间性。

"梁思成对伯施曼的评价不太高。"说到这里，库格的嘴角挂上了一丝微妙的表情。在林徽因的好友费蔚梅撰写的《梁思成与林徽因——一对探索中国建筑史的伴侣》里，的确有这么一笔。1927年底至1928年初，梁思成花3个月在哈佛图书馆里读书，读到了两位西方先驱对中国建筑的研究著作——喜仁龙的《北京的城墙与城门》及伯施曼的《中国建筑艺术与景观》和《中国建筑》（二卷）。"他们都不了解中国建筑的语法，"费蔚梅记载了梁思成在1947年做的点评，"他们对中国建筑的描述都不可理喻。但二人相比，喜仁龙还算好一点。"

梁思成为什么对伯施曼的研究如此不屑？库格分析了两条原因。第一，伯施曼在研究中完全没有涉猎《营造法式》。1927年，梁思成留学美国时，收到父亲梁启超随信寄来的这部中国建筑古籍，他好像读天书一般不得入门。当梁思成下了大功夫研习透了这本典籍后，他终于找到了属于中国建筑自身的特征表述。有人说，梁思成对中国传统建筑的定义和书写，以木结构建筑为正统。他对外国人的评判，尺度全在一部《营造法式》上，谁不能从中国的木结构演变来认知中国建筑，免谈。

库格当然懂得中国木结构建筑的价值，比如可预先进行模块式生产，可根据手册准确估算工程成本。快速建造和准确的成本计算，加上榫卯和斗拱等巧夺天工的技术，赋予中国建筑在工艺上独一无二的价值和质量。库格证实，伯施曼在20世纪20年代也得到了《营造法式》这部著作，但他并没有在其研究中采用。

至于第二个原因，库格强调这纯粹属于他个人的阐释，因为没有任何文献记载给予佐证：梁思成很可能拒绝一个外国人给中国建筑史下定义。中国的建筑史应该由中国人自己来写。在当年特定的历史条件下，中国备受西方列强的欺凌，谁会不理解梁思成的态度呢？建筑要具备救国和民族自强的功能，这不仅是梁思成这代学者给自己的学术工作附加的意义，也成为中国建筑直至今天的命运，即担负起表达民族认同感的使命。

也许还有其他原因？清华大学王贵祥教授曾推测，这种冷落的背后，隐藏的是中西学者在中国建筑研究基本意趣和方法上的差别。

跟中文不好的德国人比起来，梁思成的优势在于能够从中国的古文献中发现线索，而且，他的工作目标明确，就是要找到中国现存的最古老的建筑物。库格说，梁思成是幸运的，1937年，他和夫人林徽因在五台山找到了唐代的佛光寺，击碎了中国唐代建筑要去日本才能看到的断言。梁思成成了民族英雄。但是，这个才华横溢的人也很倒霉，库格叹息道，同年爆发的日本侵华战争几乎中断了他的工作。而从20世纪50年代起，梁思成总是被卷入各种政治旋涡，他一生真正出活儿的时间也就集中在20世纪30年代。

伯施曼呢？与在西方学习了历史书写的梁思成不同，他这个西方人反而使用了自己不怎么西方的原创工作方法。他的研究从一开始就是跨学科的，把建筑、历史、宗教、民俗、艺术融合在一起，而没有把技术与"历史性风格"的叙事置于研究的焦点。

据说，"二战"中，伯施曼的档案资料毁于柏林大轰炸。但这些无价之宝却神奇地躲过一劫，部分被收藏在柏林国家博物馆，数千张石雕和碑文的拓片沉睡在科隆大学的档案室里。可是，伯施曼1949年去世后，欧洲对中国建筑的研究也沉寂下来。伯施曼的孙子介绍说，祖父从来就欢迎其他学者加入资料的整理和研究，许多珍贵的原始资料，由于被他自己和家人大量借出，从此流失消散。

库格第一次看到伯施曼留下来的大量照片后，就产生了来中国看一看这些建筑的愿望。1996年，库格首次来到中国。每到一处，他都发现，现实的一切和曾经记录的影像已截然不同。即使有的建筑还在，也跟照片上的不一样了。比如，北京的东岳庙成了一个停车场。库格站在这个停车场上，想着那个看见什么拍什么的伯施曼，在庙中留宿、通过翻译跟僧侣交流、然后认真做下口述实录。他比任何人都早知道，他记录下来的，是古老中国的最后影像：一个还完全沉浸在自我中的中国；一个革命风暴尚未来临、西学的刻印没有留痕、一切还那么原汁原味的中国。

埃贡·西勒："战争结束了，我也要走了"

一

新冠肺炎疫情发生前，"西班牙流感"对我甚至算不上一个概念，在天天波涛汹涌的信息海洋里，这个词可能从我眼前飘浮过几次。直到病毒5个月前登场，我们才慌忙起来，重新打量历史。我身边越来越多的人在谈论西班牙流感，它似乎是目前人类唯一拥有的历史经验，能拿出来为我们空前的困境提供某种参照。

我也开始检索西班牙流感，很快发现了一个心惊的信息，在德语区逝者名人堂里，我读到了画家埃贡·西勒（1890—1918）的名字。我为自己多少感到有些羞耻，直到身陷疫情，我才对敬仰的艺术家的死因产生真正的兴趣。

中国人对西勒并不算熟悉，甚至把他的姓错译成席勒，跟德国18世纪浪漫派诗人席勒混为一谈。

我是在20世纪90年代从一本挂历上认识这位奥地利画

家的。在国内，挂历文化从 20 世纪 70 年代末贯穿整个 80 年代，流行很广，反倒在 20 世纪 90 年代随着家居装修热奇特地消失了，也许是人们舍不得在自家的钢筋水泥墙上钻铆钉。德国不然，挂历文化一直存在，就像奶酪面包一样日常。刚到德国的某天，我去一位大学同事家做客。他家厨房的墙上挂着一本挂历，当月是一张画满了窗户的画，房前还晾了上下两排衣服。我觉得画里的世界跟我密切相关，可一时又说不出所以然。房子上布满密集的大小窗户，像我们小时候练字的田格本。建筑风格是欧式的，跟中国房子不一样，但不觉陌生，褐色的瓦片压住高低错落的屋顶，显出房子的老旧。晾衣绳上的衣服五颜六色，每件都勾勒出跳跃的边线，表现日子的懒散。景象不分东西，很中性，就是人在世界上的一个栖居场景，可以从每个观者心里调动起千滋百味。那年过完了以后，同事把西勒的这张风景画从挂历上裁了下来，特意送给了我。我买了个普通的无边玻璃镜框，镶上这张印刷品，挂上墙，一挂就是 20 多年。

二

我家墙上还挂着另一张西勒的画，黑白素描，是多年前从北德一家画廊买的限量版复制品。画面上是一位身披格子布的裸体少女，画名叫《身披格子布的盖蒂》，创作于 1908

年。画家当时 18 岁，画的是小他 3 岁的妹妹盖蒂，以他天才的线条感，勾勒出 15 岁少女美轮美奂的长颈纤臂。

看多了西勒的画，我才知道我对他的入门相当偏。西勒作品的重点是人体，而且是裸体，风景画并不多。

西勒在 17 岁的时候认识了 45 岁的古斯塔夫·克利姆特。那时，西勒是维也纳艺术学院里最叛逆的学生，克利姆特是奥匈帝国最有名望的画家，两人结下了艺术家的忘年交。无论西勒日后如何离经叛道、身败名裂，克利姆特都是他的导师和支持者；他把艺术批评家、收藏家、画廊老板一一介绍给这个年轻人，引介他加入重要的艺术家同盟，还把自己的模特薇莉让给西勒。西勒尊敬和崇拜这位泰斗式的前辈，画风也一度笼罩在强大的克利姆特风格下，甚至会被误认为就是克利姆特的作品。我墙上的这幅画，就是西勒早期追随风格的证明。

西勒的看点主要在手的处理上，手甚至比脸更有表情，负责尖锐地传达人的生存本质。2018 年，德法艺术电视台拍了一部纪念西勒去世百年的专题片，采访了奥地利犯罪博物馆馆长。馆长展示了奥匈帝国在 19 世纪末 20 世纪初的犯人取像，除了脸朝前正面照，犯人还必须把双手平摆胸前。因为，犯罪学认为，手能确凿无疑地暴露一个人的职业与身份。这估计是西勒当年抓取灵感的来源。另外，总是蹲班的中学生西勒曾寄宿在一位放射科医生的家里，他一定看过一般人见不到的人体透视照片。因为，他画的手，除了跟其他部位一样被夸张地扭曲拉长以外，还带着一种穿皮破肉的透视效果。画面上盖蒂的两只超长而痉挛的手，泄露了西勒对传统审美不可遏制的反叛。

比裸体还裸，这是西勒大量以人体为主题的作品给人的感觉。首先，全裸的是他自己，但不是镜像中英俊洒脱的艺术家，而是内心狂想中的那个他。瘦骨嶙峋，扭曲的起伏凸张的肌肉，拉长的僵直的肢体，神经质到歇斯底里的面部表情，袒露的生殖器，跟米开朗琪罗的大卫雕像上的无辜部件也是两码事。西勒的大量自画像，是在变形和殉难的身体造型中折射出一个强烈的自我，又从这个自我中散发出 20 世纪初变得日益神经质的迷失感。

他更多的人体画取自对女模特的临摹和改造。很多时候，画面上的年轻女人穿着蓝色紫色黑色橘色的长筒袜，好像把维也纳能买到的长筒袜的颜色都买齐了。但是，在她们身上，长筒袜一律退到膝盖以下，腰间也除下了内裤和吊袜带，敞胸开怀，画面上的女主角摆出各种与庄重矜持无关的姿态，劈开腿，或撅起滚圆的臀部，或就那么消停地暴露地站着。他对人体线条的捕捉出神入化，是西勒式的笔下激情，是一种内心驱使，是从释放奔向解放。在每个与性相关的身体部位，西勒都会点染出像橘色这样的高亮色，故意挑衅观者的感受。性就是生命的本质之一，为什么要伪装？

没人在他的画面上害臊或愉悦，人物虽然摆出非日常的扭曲姿势，但精神状态都源自日常境况。他的人物表情是孤独、冷淡、恐惧、疏离甚至痛苦的。画面上的人物也没有任何背景，只有他们自己。

西勒从少年时就阅读弗洛伊德的心理分析、里尔克的诗歌、小说和希腊神话，观看默片电影里的舞蹈表现手法和丰富的身体姿态，观察山、水、花、树和身体共通的律动。他创造出来的是一种极端到极致以至残酷到令人不安的美，并且挣脱了时间性。人的身体在西勒的笔下演变成战场、游戏场甚至作案现场。从强烈的绝望到冰冷的忧郁，每种情绪变成了流淌或顿挫的线条、色块和形状。

三

西勒出生于 1890 年，那也是凡·高去世的年份。凡·高37 岁自杀，西勒 28 岁病逝。虽然活得如此短暂，西勒的名字在世界艺术史上却毫不逊色于凡·高。凡·高是印象派大师，西勒则为表现主义一锤定音。

我想，世界上爱凡·高的人远多于西勒的欣赏者，因为凡·高的画悦目，充满渴望生活的激情。而西勒的作品却让人第一眼感觉严重不适，痛苦、扭曲、怪异、孤独甚至死亡感占据画面，还加上一个争论不休的裸体话题。我在一些国内网站上看到对他的介绍，配的作品图片总在男女性器官部位打上马赛克，可能是忌讳西勒的裸体处理会引起某些人的偷窥欲。

西勒16岁那年轻松考进维也纳艺术学院，成为应届最年轻的艺术大学生。跟他同时参加考试的还有希特勒，他比西勒大一岁。在维也纳艺术学院的档案馆里，有一本像中世纪手抄本《圣经》那么巨大厚重的考生册。西勒的名字和希特勒的名字之间只隔了一页，看得人惊心动魄。奥匈帝国时期的维也纳，在人类历史上以不同方式留名的两个奥地利年轻人曾经走得那么近。在记载希特勒的栏目里还有如下信息："报考两次，两次落选，不会画人的头像。"假想一下，如果那时也住在维也纳的弗洛伊德，能给希特勒就他的缺陷做一次心理分析，世界说不定将会是另外一番光景。

多年后，西勒和希特勒还发生了一种别样的交集。纳粹一方面杀人如麻，另一方面却用同样的疯狂追求艺术。西勒的不少作品在"二战"中被纳粹掠夺侵占，直至今天，还有不少为他的作品归属权纠缠不清的官司。1997年，西勒为自己的模特兼情侣薇莉画的一幅头像在纽约现代艺术博物馆（MOMA）展览，遭到犹太裔遗产继承人的指控。这幅画因诉讼在美国被扣留13年，奥地利博物馆最终向原告支付1900万美元，才将西勒的薇莉赎回维也纳。

艺术史学家认为，西勒画的少量儿童肖像是那个时代绝无仅有的杰作。在他之前和与他同代的艺术家们，都习惯性地朝甜美、圣洁、天真的方向描绘儿童，可西勒画的孩子们没有鞋穿、眼睑浮肿、面色营养不良。这些画里，孩子们单薄的身上传达出一种没有被生活折断的尊严，让人能注视很久。

然而，西勒21岁那年的遭遇，却使他从此很少再画儿童。忍受不了维也纳的压抑，他带着认识不久的模特兼情人薇莉去他母亲的老家、一个今天被划在捷克境内的小城。封闭的小城受不了艺术家的非婚同居行为和其他做派，把他轰走了。他和薇莉不得不搬到维也纳西边的纽伦巴赫镇，租下廉价的工作室继续画画。他请来附近的孩子们当模特，却被当地居民怀疑猥亵女童，将他举报入狱。经调查，当地法院发现罪名不成立，但仍坚持以"传播不道德绘画"给他定罪，因为他的工作室里堆放了裸体写生的草稿。西勒在收押21天后被判处3天监禁，在监狱里一共度过了24天。

1915年夏天，为了迎娶市民阶层女孩艾迪特为妻，西勒抛弃了薇莉。他约薇莉到两人常去的咖啡馆，提出两人分手后可以每年夏天一起度假，不带艾迪特。薇莉拒绝了他的自私想法，并告诉他一生不再相见。之后，薇莉报名参加了护士培训班。1917年12月，她在"一战"中死于猩红热。

婚后的第三天，西勒被征召入伍。因为他的艺术才华，他没有被派上前线，而是留在后方看守仓库和监狱，可以大部分时间继续在维也纳作画和组织艺术展览。1918年2月，他的导师克利姆特去世。西勒去医院的停尸房为克利姆特画了三幅遗像素描。这年春季，在第 49 届维也纳分离派艺术展上，西勒一举成名，迅速取代了离世的克利姆特，成为奥地利艺术界最亮的新星。他终于要走出贫困了，终于有第一幅作品被奥地利博物馆收藏，终于要开启一个艺术家的辉煌时期。

1918 年 10 月 19 日，他的妻子艾迪特染上了西班牙流感，卧床不起，10 月 28 日，艾迪特在他们租下的工作室里带着六个月身孕离世。她死前，西勒一直不停地画她，似乎希望以这种方式把她留住。结果，他也被感染了。10 月 31 日本是艾迪特下葬的日子，西勒在这天的凌晨 1 点去世。此时，离"一战"结束还有两周。他死在了西班牙流感的第二波。死前，他说："战争结束了，我也要走了。"

四

西勒离开上百年了，这个世界的道德、审美和科技完全换了场景，我们逐渐克服了西勒带来的视觉和心理不适感，反而变得懂他、欣赏他。从纽约到巴黎，从柏林到维也纳，世界上的西勒展览越来越多。各国策展人都分享一个共识：无法给西勒举办任何回顾展，他和今天没有距离。从恒温恒湿的保险箱里，把西勒的作品取出来，除了有些素描纸张质量有变，他的画好像就是昨天才完成的，离我们这么近，近得仿佛画的就是我们今天的生存状态和精神基调。"艺术无法做到现代，"年轻的西勒曾这样宣布，"艺术自身就是最本原的现代性。"

回到他活着时候的维也纳，当时的欧洲文化首都，既道貌岸然，又浸染在世纪末的颓废忧郁情调中。成功的艺术家，如克利姆特，必须为上流社会的趣味服务。全社会还笼罩在宗教传统的性压抑下，脱衣画裸体像而不沾淫荡之名，仅仅属于上流社会贵妇的特权。维也纳在双重道德下偷生。克利姆特著名的金色作品无不充满了鼓胀的情色暗示，却因保持雍容华美的装饰感，吻合了上流社会的道德底线。与之相反的是西勒，他19岁就抛弃了学院派，完成了艺术家的自我定义，只为艺术而创作。虽然他的作品里有更多的性器官细节和不雅的扭动，但全世界越来越多的艺术研究者都承认，他们的前辈学者误读了西勒。西勒要画出来给我们看的，既不是色情，也不是情色，连性感都谈不上。西勒表现的是存在主义的终极意义。即使在他描绘的拥抱和做爱场景里，主宰者依然有溺水般的冰冷绝望感，人和人之间渴望的亲密永远无法抵达。"看西勒的画就是遭逢我们自己。"维也纳顶级美术馆阿尔贝蒂娜（Albertina）的馆长在一年前这么说，那时我们还可以去美术馆看展览。

维也纳纽伦巴赫镇曾经关押西勒的房间这么多年还是老样子，以至于从美国来的西勒研究者能拿着他在狱中画的素描，轻而易举地找到这个房间。橙子是西勒最喜欢的水果，关押期间，坚信他无罪的薇莉每天都给他送一个橙子，还给他带去足够的作画材料。在今天的纽伦巴赫镇，住着一位退休的女裁缝，她每周两次推开这间灰突突的地下室，在西勒躺过的床上放一个橙子。女裁缝说，我代表我的小镇向这位艺术家道歉，只要我还走得动，我就每周来给他送两个橙子。现在，奥地利也实施疫情管制了，这位老太太怎么去给西勒送橙子呢？

弗洛伊德的汤姆

2017 年的卡塞尔艺术文献展，展出了弗洛伊德的外甥女汤姆·赛德曼·弗洛伊德（1892—1930）的作品。被世人遗忘了四分之三世纪之后，汤姆的名字突然登上了世界三大顶级艺术展之一的卡塞尔展，吸引国际上很多媒体的报道。其中，《巴黎评论》的语气格外愤愤不平，说，把汤姆放在"被遗忘的艺术家"条目下也就罢了，然而更不能原谅的是，她的作品以"非艺术"的形式被展出。汤姆的一切，手稿也好，画稿也好，都被统统关在长条形的上锁的玻璃柜里，这无异于把她放进了棺材，让她再死一次。

听上去，似乎是策展人很不专业。可背后的真实原因是，封锁式的展陈方法是汤姆作品被允许出现在德国卡塞尔的硬性条件。如果不被遵守，世人将依旧看不到汤姆的真迹。

芭芭拉·穆尔肯医生不是卡塞尔文献展的策展人，但她是汤姆的真正再发现者。1945 年出生的穆尔肯医生告诉我，汤姆生活在以色列的外孙女阿雅拉开始时并不知道卡塞尔文献展是怎么回事——并不是每个艺术家的后代都跟艺术打交道。接到策展人的展览邀请后，阿雅拉很是犹豫。这些人想在德国这个让人感情复杂的国家举办外祖母的展览，而且要的都是原作，给还是不给？阿雅拉咨询了她唯一信任的德国人——穆尔肯医生。在穆尔肯的鼓励和帮助下，汤姆从未出现在公众面前的原作才寄到了卡塞尔，但是阿雅拉坚持了作品超级保护原则。

我更感兴趣的却是，一名医生怎么会发现一位早逝的天才艺术家？

我是在德国的一座中世纪小城福尔卡赫认识穆尔肯医生的。在2017年11月的一个夜晚，这里举行了德国青少年文学颁奖典礼。穆尔肯获得了年度银奖，颁奖者感谢她作为杰出的历史绘本藏书家，对德国青少年文学做出了重要贡献。她的收藏和研究，使得数位被埋没多年的优秀绘本艺术家和出版人重新获得公众认知。她尤为突出的功劳，体现在对20世纪20年代最重要的绘本艺术家、弗洛伊德的外甥女汤姆的再发现。

主持人三言两语就问到了汤姆那口神秘的越洋皮箱。穆尔肯说，这是一个很长的故事，不适合颁奖典礼的紧凑节奏。不过总之，当她打开那口箱子时，她和汤姆的命运都发生了巨大变化。看着梳着波浪形银发的穆尔肯款款走下舞台，我觉得她带走了我不能错过的故事。

随后的酒会上，穆尔肯和其他的获奖者被媒体的闪光灯、出版商和我这样的好奇者团团围住。等终于排到我时，我问："您是怎么成为一名绘本藏书家的？您的父母也藏书吗？""我父母家里一本书都没有。'二战'结束后，我们从苏占区的东德逃难到了慕尼黑，全部家当只有身上的衣服。""您在汤姆的箱子里发现了什么？"这时有她的老熟人过来祝贺。穆尔肯看了我一眼，迅速地跟我交换了名片，又示意她风度翩翩的教授丈夫给我取了一本她写汤姆的小册子。

日后，当获奖的热浪渐渐平息，穆尔肯开始跟我通邮件、打电话，并且又给我寄了好几本她的汤姆研究著作。渐渐地，这个奇异的故事终于成形。

汤姆·弗洛伊德

西格蒙德·弗洛伊德的三妹玛丽生有三个女儿，汤姆是最小的那个，1892 年生于维也纳。她的家离舅舅弗洛伊德的住所只有几分钟的路。作为大哥和大知识分子的弗洛伊德，对他的家族有强大的精神影响。身为犹太人，他们受欧洲自由派思想的铸造，犹太宗教和传统在他们的日常生活中并不占主导地位。

15 岁之前，汤姆叫父母给取的女孩名——玛尔塔·盖图德 15 岁那年，她自作主张给自己改了个男性名字汤姆。关于改名，家族里有两个不同的版本。一个版本说，汤姆的父母在连生两个女儿后，极其渴望得到一个儿子，汤姆出生时给家里带来一片失望。弗洛伊德的小女儿、汤姆的表妹安娜曾写信告诉穆尔肯医生："汤姆讨厌自己是个女孩。"第二个版本是，汤姆从很小的时候起就显露出超常的艺术禀赋。家族里的人都认定，这个女孩日后非艺术的路不走。也许她想起一个男性的名字，好让自己在男人主宰的艺术界容易立足。

一位记者兼弗洛伊德家的朋友在回忆录中这样描写汤姆和她的姐姐："大姐十分娇小，一心想从事新闻事业，二姐有种惊人的美丽，可怜的汤姆，她长得一点都不美，加上瘦得皮包骨头，她的脸上就剩一个大鼻子和一张大嘴巴，两只眼睛分得很开。她没什么血色，干枯的红头发把皮肤衬得更加苍白。但是，这张脸充满了个性。"

姐姐们热情开朗，汤姆则内向羞涩，总是沉浸在幻想世界里，而且带有明显的忧郁特征。女从父业的安娜甚至认为，汤姆的天性里就有轻生的倾向，后来的悲剧绝不是偶然。儿童心理学家安娜在 1982 年给穆尔肯的信中写道："你可能料到了，除了她的天才，汤姆在内心深处是一个不快乐的人，有种东西把她的一生都染成这种基调，幸好没有染到她的艺术作品上。"穆尔肯医生的汤姆研究，也强调了汤姆"忧郁的基本特征"。我问，汤姆的忧郁从哪儿来？穆尔肯说，不要以为汤姆是个不被父母厚爱的孩子，正相反。我们不能把那些与生俱来的心理特征，简单地跟外部环境建立假说。

汤姆6岁那年，身为地毯商的父亲把全家搬到了柏林。20世纪初的柏林就像今天一样，已经有200万人口，是欧洲活跃的商贸中心。同时，德意志帝国的首都也是"世纪末"思潮的中心地带，比维护传统文化的维也纳更有一种激荡的精神，催生新艺术的诞生，是欧洲文化艺术进入"现代性"的重镇之一。

维也纳和柏林，这两个个性迥异的欧洲文化中心应该都影响到了汤姆看世界的眼光，穆尔肯推测。她很赞同弗洛伊德的一句话："传记的真实性是不可获得的。"因此她的汤姆研究，是去尽最大努力修复可复原的生平轮廓，而如何判断人物个性和深层心理的发展，穆尔肯则处理得极为谨慎。

汤姆17岁高中毕业后，在英国做生意的父亲把她带到伦敦，她在那里读了半年艺术学校。伦敦是"新艺术"的实验场，推动"工艺美术运动"，强调艺术与实用的结合。"新艺术"是"一战"前盛行欧洲的新兴风格，在德国的名称为"青年风"（Jugendstil），汤姆早期的绘本作品走的就是这个路线。可以推测，她在伦敦受到的艺术训练和熏陶虽然短暂，但为她一生的创作道路引领了方向。也是在伦敦，她发现了水彩的魅力。水彩成为她一生使用的核心技法。

汤姆完整的艺术教育是后来在柏林完成的。1912年，她进入了柏林夏洛滕堡的皇家工艺美术学院学习，这是今天的柏林艺术大学的前身。她在这里受到了从素描到蚀刻的全面艺术训练。汤姆似乎从一开始就选定了绘本这种艺术形式。绘本成为她创作的宇宙。幻想、诗意甚至游戏，无一不能放进这个载体中去实现。

1914 年，22 岁的汤姆出版了她的绘本处女作《宝宝摇篮曲》，展露出强烈的个人风格。精致优雅的曲线，人形的扁瘦造型，对细节减法做到底的简约语言，单纯至极的颜色运用。"青年风"的影响在这个作品中一览无余，可它又是汤姆式的。

"青年风"是对工业革命带来的工业化浪潮"无灵魂性"的反动，尤其在建筑和设计上形成了鲜明的风格。在德国，青年风一方面强调飘逸柔美的装饰性长线条，另一方面，浸润德国传统木刻版画和中世纪字体的影响，又兼有造型简洁、线条硬朗的独特性。青年风的一个核心意识是"现代性"，无论建筑、设计和绘画，青年风都强调"我们这个时代风格"。

内向的汤姆对她的时代精神有敏锐的嗅觉。大舅弗洛伊德也同样敏锐地理解了汤姆的艺术。《宝宝摇篮曲》刚出版，他就在给朋友的信中说："我认为，我们家这个极其独特的汤姆，真是一个才华出众的乖孩子。她好似就在不经意间，清清淡淡地创作出一种伟大的温情。这本书是为她的小弟提奥做的。"提奥比汤姆小 12 岁，是双胞胎兄弟出生时唯一成活的那个。汤姆特别爱这个小弟。当提奥 18 岁那年溺亡时，汤姆觉得自己好像也离死亡近了一大步。

整个"一战"期间，汤姆生活在柏林，为她日后的绘本创作做好了素材和理论的贮备。汉堡的心理学教授威廉·施泰因于1914年出版了专著《早期儿童心理学》，这本书对汤姆影响至深。汤姆和施泰因教授保持了多年的通信沟通。此人是德国大哲学家瓦尔特·本雅明（1892—1940）的舅舅，而本雅明是汤姆绘本的激赞者。弗洛伊德间或从维也纳到柏林出差，也在此期间留给汤姆很多深刻的印象。不过，穆尔肯的研究倾向于认为，汤姆绘本作品中的儿童心理分析部分，从施泰因那里受到的影响应该多于舅舅弗洛伊德。

1918年12月，残酷的"一战"刚刚结束不到一个月，26岁的大龄女青年汤姆就追随她的二姐莉莉去了南方的慕尼黑。莉莉是20年代德国著名的话剧演员，曾多次和印度诗人、哲学家泰戈尔同台演出。她是汤姆艺术的坚定支持者，后来成为汤姆的托孤之人。

战后的氛围，在欧洲各处重新燃起了希望。20年代至30年代初，在精神文化艺术领域，一个短暂可贵的活跃开放期形成了。汤姆的艺术创作旺盛期，正好定格在这个"避风港"里，不仅如此，她每次都去对了地方，遇对了人。

慕尼黑是当时青年风的大本营之一。那里的一家享有盛名的出版社出版了汤姆的第二部作品《新绘本》，并把它评为"1918年年度绘本"。花朵般的线条和装饰的静谧感，让小读者捧读时爱不释手；更重要的动人之处，是汤姆对儿童的理解。当年的书评是这么称赞的："这绝不是一本普通的图画书。艺术家深知孩子们喜欢的什么。她没有试图去做所谓的独创，而是自己就活在孩子的幻想世界中。"第二年，《新绘本》的瑞典文版和荷兰文版相继出版。1922年波士顿出版了英文版。根据穆尔肯的历史绘本研究，那个年代的绘本多语种出版还不多见，而汤姆的多数作品总是幸运地走遍欧洲和新大陆。

汤姆打出了名气，私生活却一筹莫展。当年慕尼黑的房东的女儿，50多年后还记得起汤姆的样子："个子高高的，十分苗条，留着男孩式的深色短发，这在当年算很时髦的发型了。尽管她很和蔼，但太害羞了，从不主动和人来往。"最后还是莉莉把汤姆领进了慕尼黑的犹太知识分子、诗人和艺术家的社交圈。

汤姆在土耳其大街98号的邻居中，有20世纪最重要的犹太大思想家舒勒姆。当时舒勒姆正在做博士论文。这个和法兰克福学派的领军人物阿多诺以及和女哲学家汉娜·阿伦特都保持着亦敌亦友关系的学者，在20世纪70年代末出版了回忆录《从柏林到耶路撒冷》。其中写道："走廊的尽头就是汤姆的房间，她是弗洛伊德的一个外甥女，一名才华横溢的艺术家。她也是我当年不可忘怀的一个人物。她的丑几乎带有一种画面感，与她的大美人姐姐莉莉形成鲜明的对照。莉莉常来看她。汤姆是一位妙不可言的儿童绘本艺术家，而且经常也是书的作者。她是一个货真价实的波希米亚人，和艺术家、作家的交往一点都不少。"舒勒姆还不忘写道："汤姆这个人简直就是以烟为饭，她的房间里总是浓烟滚滚。"

舒勒姆早在1923年就移居巴勒斯坦，逃过了日后纳粹的大屠杀。这个汤姆的短暂邻居，多年后对汤姆的再发现起了关键作用。有意思的是，舒勒姆的精神导师是瓦尔特·本雅明。在汤姆的慕尼黑寓所，本雅明也结识了这位女艺术家。舒勒姆和本雅明的《通信集1933—1940》证实了这个细节。本雅明今天广为人知的，是他的哲学思想。其实，他生前也是一位儿童教育研究家，同时是一位狂热的绘本收藏家。这跟他父亲经营着一家很有品位的古董书店有直接的渊源。

汤姆在慕尼黑时期的另一位熟人，是日后诺贝尔文学奖的获得者、犹太作家阿格农（1888—1970）。也要感谢舒勒姆的回忆录，让我们读到这样的场面："被柔软的忧郁笼罩的诗人"阿格农，常常和他的灵魂同路人汤姆坐在一起，讨论他们共同的绘本项目。这是一本ABC绘本，给孩子们用诗和画讲解希伯来文的22个字母，阿格农作诗，汤姆作画。最终，这个项目没有实现。出版商不认同汤姆的画风，认为不够欢愉。多年后，穆尔肯在汤姆的外孙女阿雅拉那里亲眼看到了汤姆的原稿手迹。"从我们今天的审美趣味出发，是完全不能同意那位出版商的风格判断的。"穆尔肯说，"汤姆的画非常精美，希伯来文字母略带东方装饰风格，充满了轻盈飘逸和透明的质感。"但这并不是汤姆生前唯一不被理解的作品。

慕尼黑时期是汤姆形成自我的时期，然而只持续了一年半就被迫结束了。1920年夏天，鉴于巴伐利亚动荡的政治局势，汤姆不得不返回柏林。她的生活轨迹从此转折。父亲在她回家后3个月突然去世。汤姆得以和深爱她的父亲度过最后的时光。在沸腾的柏林文化艺术圈，她认识了犹太知识分子和出版人杨科夫·赛德曼。"我没有想到，在我身上还会发生这么好的事！"汤姆在一封信中告诉她的闺密。"他们两人从始至终都亲密无间。"穆尔肯告诉我，这句话暗示着后来的不幸。不到一年，两个相亲相爱的人就结婚了。汤姆的艺术签名婚后改为汤姆·赛德曼·弗洛伊德。

1922年7月，他们唯一的孩子安吉拉出生了。随着女儿的出世，汤姆的杰作之一——《东西书——给小小孩的绘本》出版了。这部作品被德国的教育改革家誉为"艺术绘本的典范"，作品建立在"研究了儿童阅读能力后的人文生物基础上"。甚至在1930年的《德国图书市场周刊》杂志上，还能找到关于这本书的专家评价。那时的欧洲市场是开放的，这本书的发行远远超越了德意志帝国的边界，一路卖到了拉脱维亚。语种也出了俄文、弗拉芒语（荷兰的一个语种）及希伯来语。今天回头看，早在20世纪20年代出版就很前卫：每个语种都自编贴切的文字，唯一不变的，是汤姆的绘画。

1922年是汤姆的绘画风格转变的一年。她摒弃了"青年风"，转向新客观主义和包豪斯。新客观主义是"一战"和"二战"之间兴起的艺术思潮，强调重返客观写实，重返清晰化的构图和呈现形式，并重返秩序。法国文化历史学家让·克莱尔把新客观主义称为两场世界大战期间的"忧郁"，因为它徘徊在当下和遁世、传统和现代性、忧郁和乐观之间。古典包豪斯也引起汤姆的艺术共鸣。包豪斯的影响巨大，几乎是现代性的设计、建筑和艺术的代名词，可称为古典现代性的先锋。汤姆的艺术语言保持着简约，从前柔美的线条现在趋向于棱角化和犀利，轮廓更加鲜明。"她的画里，没有重叠，没有多余的修饰物来分散读者的注意力。"穆尔肯说，"非常扁平的图画传递出力量和强烈感。"

这样的力量和个性，在汤姆的艺术语言中是她的专属。谁也无法把她的作品跟其他艺术家混淆。她的作品中找不出任何其他艺术家的具体影响，她走着自己的路，同时以她的方式和时代精神共呼吸。可能是她的内向界定了她和这个世界的距离，而她独特的想象力又带她切入他人忽略的领域。

打开德国亚马逊网页，输入"汤姆·赛德曼·弗洛伊德"，会出现一长串的汤姆绘本再版书，汤姆的作品已经进入了公版期。其中，《大鱼旅行》和《全世界的兔子都到齐》排名靠前，这是汤姆1923年和1924年在丈夫的出版社出版的两部成熟作品，包豪斯的语言风格一目了然。《大鱼旅行》在当年就被评为"从内容到绘画形式均充满现代性"，"立方体的人物像木偶造型，带些僵硬，却充满表达张力，极得孩子的喜爱"。绘画中的立体派和抽象派元素，让人联想起保罗·克利。有人把这个故事看作未来共产主义的图景。在梦中，小男孩皮瑞格林被他的金鱼带到了一个乌托邦世界。刚开始他害怕和羞涩，很快就变得快乐起来。那个地方全是孩子没有大人，小朋友个个友善，每个人都对每个人好，大家一起游戏和劳动，衣食无忧。这可能触及了每个孩子的梦想，深层的儿童心理分析融化在故事和画面里，教育改革的理念也被清晰地表达出来。

《全世界的兔子都到齐》是一本挑战孩子的观察力和判断力的杰作。汤姆从世界各地选了12个关于兔子的童话和传说，不同文化圈对兔子的性格刻画很不一样，有软弱可欺的、奸诈狡猾的、胆小怕事的、傻里傻气的……每进入一个故事，孩子就进入兔子的另一种性格里。在布图上，汤姆在一个平面上井然有序地安排了剧情发展和人物关系，用一张图讲完整个故事。这个创意，就好像把一部动画片凝固在了一维平面中，对小读者的想象力是极巧妙的调动。

20世纪20年代，欧洲社会对儿童的理解，也随着艺术的新浪潮而改变。在汤姆之前，有些走青年风的艺术家已经创作了富于审美感的新儿童绘本。儿童作为独立个体，站到了绘本表达的中心地位。儿童心理也成为绘本创作考虑的一个要点。

1967年版的《德国大百科全书》中，在词条"绘本"下，汤姆后期的重要作品《愿望实现了》被列为德国绘本的代表作，因为该书"将心理分析开创性地引入了绘本创作中"。但在汤姆的时代，这是一本被市场拒绝的书，3年内只卖掉62本。1927年，汤姆回到她的出生地维也纳，在那里住了3个月，返回柏林后创作了这本书。穆尔肯猜测，汤姆和弗洛伊德舅舅的近距离沟通，很可能为这本书注入了不少心理分析的灵感。

其中很有名的故事叫《啄木鸟》：小男孩盖德是个六七岁的小学生，他变得不开心，和爸爸妈妈、同学们都有矛盾。他不再是那个被无条件宠爱的小小孩。家长和老师都开始对他提要求。盖德走到树林里，找到了一个好朋友——啄木鸟。啄木鸟比盖德聪明，又特别理解他的苦恼。盖德躺在林中的草地上，把心里话说给好朋友听。啄木鸟站着，听得很认真。它什么都懂，也从不批评盖德，而是帮助他找回心里的平衡。这多像一场诗意的、理想化的心理治疗。今天，这部原作收藏在德国文化遗产档案馆中。当年卖不动的孤本成了收藏家炙手可热的珍宝。

汤姆的艺术敏感，使她把时代的艺术新冲动带入绘本创作。她天性中的童心，加上跟心理分析圈天然接近，结成了她创作绘本的三个独特支撑点：艺术、童心、心理分析。有人称她为即兴教育家，把通向儿童心灵的秘密之路打通了。

在她1927年遇到童书出版商赫尔波特·史度佛后，汤姆的畅销书产生了。他们合作的读写游戏书打开了汤姆性格深处的另一面：幽默和游戏精神。做可以翻转、抽拉、折叠的游戏书，在当时是一个创举。这种游戏书的现代性，体现在把书完全交到一个自主的个体——孩子手中。汤姆的前卫艺术风格和尊重儿童独立性的教育理念，被当时评价为"面向未来的图画书"和"能递到孩子手中的最好的书"。1930年"德国最美50种书"大奖中，汤姆有两本书——《魔法船》和《我会读啦！》获奖。本雅明在汤姆过世后，连续两年撰写书评，高度评价她的创意："她的绘本之所以比绝大多数图书高明许多，在于她把最严密的思想和最轻快的表达罕见地结合了起来。她用最符合孩子天性的方法，去引导孩子学习，充满了不起的灵感。""她的书完完全全地激发儿童的游戏本能，催动他们发自内心地去征服读和写的难关，建立儿童的自信。"这些在今天听起来耳熟能详的观念，在90年前的欧洲，却是对"现代性"的前瞻性呼声。汤姆自己写道："一个孩子不要因为题做不出来就觉得自己笨。他心里要明白，只是把一个游戏做完了，下次还可以接着玩……"

如果一切还可以这样美好地进行下去，就像汤姆的绘本世界？

20年代的黄金岁月以世界经济危机告终。1929年，汤姆的丈夫杨科夫的公司破产，他选择了自杀。弗洛伊德当时正好在柏林，他给友人的信中写道："汤姆的丈夫实在是个好人，可是他做了一件我们当今不可能完成的事业：开了一家出版社，还没有资金。"

毫无思想准备地失去了最亲的人，汤姆陷入深重的抑郁，亲人把她送进了医院。所有的人都低估了她向死的决心。1930年2月7日，汤姆躺在医院的病床上，偷偷服下超剂量的药片自杀，死时只有37岁。弗洛伊德2月8日的日记中，只记了一个词——"汤姆"，旁边画了个十字。

汤姆把7岁的女儿安吉拉交给了二姐莉莉抚养。她留在身后的世界，变得越来越黑暗。在日益强化的纳粹意识形态统治下，从30年代开始，新客观主义，特别是包豪斯，都被打上"现代性"和"犹太化"的标签，受到打压以致最后的封杀。虽然出版商史度佛一直顶着政治高压销售汤姆的作品，但是路越来越窄。因为她的犹太人身份，《德国出版商周刊》拒绝登载汤姆的图书信息。到了1940年，纳粹政府正式颁布法律，禁止一切犹太作家的作品出版和传播。汤姆的书从市场消失了。"二战"爆发后，她成了"消失的一代艺术家"中的一员，这是一个犹太人、同性恋和持不同政见者的群体总称。

"世界如此不平坦……"汤姆在《大鱼旅行》中写道。也许早逝于她是件好事。她的姐姐莉莉全家在1933年不得不逃离纳粹德国，移居到布拉格。1939年，汤姆16岁的女儿安吉拉参加了犹太青年团，在德军占领布拉格前14天，彻底地离开了欧洲，去往以色列。而二姐莉莉一家得以在最后时刻逃生到伦敦。从此大家天各一方。1938 年，82 岁高龄的弗洛伊德被迫离开工作了一生的维也纳，流亡到伦敦，一年后在那里逝世。他的妹妹们包括汤姆的母亲玛丽，先后死在纳粹集中营。那个赞赏汤姆作品的大哲学家本雅明，在纳粹的追捕中于 1940 年选择了自杀。

芭芭拉·穆尔肯医生

如果没有穆尔肯的出现，我们也许永远读不到上面的故事。从汤姆 1930 年去世，直到 20 世纪 70 年代的近 50 年时间里，关于汤姆的资料散落在历史和战争的尘埃中，这里，那里，几块碎片，无人问津，渐渐消散成泥。是穆尔肯用她惊人的个人努力，使这位女艺术家重新回到公众的视野。

20 世纪 60 年代，穆尔肯是一名读医科的女大学生。她很穷，却有一个费钱的爱好——收集历史绘本。她喜欢逛旧书店，发现了好书，大多数时候只能用手摸摸，买一本不错的古董书，相当于她两周的饭钱。不过，从 70 年代起，她有了一定的经济能力，开始收藏自己中意的老绘本。在 70 年代旧书还都不贵，称得上是收藏的黄金时期。

"您是怎么发现汤姆的？"我问。

穆尔肯首先向我强调，在"遇到"汤姆之前，她已经收藏了一定量的历史绘本，特别是积累了关于历史绘本的知识，训练了识货的眼光。所以，当她无意中在一本杂志上看到一幅小图时，她的直觉立刻告诉她，这定是出自一位非凡独特的艺术家之手。很快，穆尔肯就查到，藏在男人名字"汤姆"后面的，原来是一位女性艺术家，不仅如此，此人还是精神分析之父——西格蒙德·弗洛伊德的外甥女。穆尔肯的好奇心被大大地激发起来：她读的就是心理治疗专业，整个大学期间，弗洛伊德都是如雷贯耳的名字，穆尔肯对这位大师充满敬意，当然也有对弗洛伊德的理论和方法不认同之处。"不管怎么说，这个发现都让我心跳！"穆尔肯说，"我的生活由三个重要部分组成：家庭、职业和我的绘本收藏爱好。在我的爱好领域遇到弗洛伊德的外甥女，真是太妙了。"

汤姆的画风和文本创作都独树一帜，成为穆尔肯收藏中的珍宝。可她不能满足于只拥有一些汤姆的绘本，却对艺术家本人茫然无知。可是，汤姆像一位全身裹在纱幔中的女神，面孔模糊，遥不可及。

"她到底是怎样一个人？过着怎样的生活？为什么会创作出如此美妙的作品？"穆尔肯几乎找不到任何现成的资料来解答这些问题。汤姆好像被时间吃掉了。只在极少数收藏家手里，还有她二三十年代出版的绘本。于是，穆尔肯挽起袖子，自己开始了对汤姆的调研。

我仔细阅读了穆尔肯关于汤姆研究发表的所有论文。最早一篇刊登于1981年，最新的一篇发表在2016年。当我一篇篇往下读，笔记越做越多时，我越发觉得穆尔肯医生是一个不可思议的人。在柏林，她从1897年的柏林市地址簿里，查到了汤姆父亲的地毯进出口公司的注册年月和地址，由此获知汤姆家从维也纳搬到柏林的时间。在柏林艺术大学的档案馆里，她居然找到了汤姆从1911—1915年读艺术专科的每个学期的注册信息、选的课程，甚至任课老师的名字！其中一位教动物素描课的老师叫克劳斯，穆尔肯查出他还是一位用青年风创作绘本的艺术家。由此穆尔肯推测，汤姆选择上这位老师的课，极可能是在大学期间已经立志在绘本领域发展自己。在慕尼黑，穆尔肯神奇地找到了汤姆1919年租房人家的女儿，跟她见了面，记录下来这个当年的小女孩对汤姆的个人印象。穆尔肯还泡在慕尼黑的市志里，核实了汤姆1920年不得不离开慕尼黑的政治原因；她还细心地在汤姆的慕尼黑户口登记表里查到了汤姆自供的职业——"平面设计师"。在维也纳的市档案馆里，穆尔肯找到了汤姆在1927年返回出生地的具体时间记录，从而判断汤姆的重要作品《愿望实现了》的创作，跟此次返乡见到弗洛伊德舅舅的某些关联性。

除了这些功课，为了了解汤姆在二三十年代绘本领域的影响力，穆尔肯还查阅了海量的文献。她几乎搜索了二三十年代的每期《德国图书市场周刊》，那上面有汤姆作品的各家出版社登载的图书出版信息、广告语和书评；她不知用什么方法，说服了慕尼黑和柏林的三家汤姆作品的出版社，允许她进入这些出版社的内部档案，研究了汤姆和她的出版商的工作信函以及其他带有蛛丝马迹的文件。比如，在史度佛的出版社的样书名单上，穆尔肯找到了儿童心理学家威廉·施泰因的名字，直到1933年施泰因流亡美国之前，出版社都会把汤姆的每本新作寄给他，由此鉴定了施泰因和他的儿童心理学说对汤姆的重要性。又比如，《愿望实现了》的惨淡销售记录，也是在原出版社的档案堆里找出来的。图书馆也是穆尔肯重要的工作场所。她在各地的图书馆里翻阅二三十年代的报纸，寻找对汤姆绘本的书评。比如在法兰克福，她找到了本雅明在1930年和1931年连续两年对汤姆"游戏读算书"的重要书评；在柏林，她从旧报纸里找到了汤姆的讣告，下葬的日期和地点，顺藤摸瓜，她在这个时间段里发现了多篇柏林重要报纸对汤姆的追悼文章和对她的绘本艺术的高度评价。

仅有这些依然不够。穆尔肯需要回溯到本源的第一手资料。她费尽周折，终于跟弗洛伊德家族的人取得了联系。在她的研究成果中，有众多未公开的通信作为资料引证：汤姆的表妹、著名儿童精神分析学家安娜·弗洛伊德不仅给穆尔肯写来亲笔信，描述她对汤姆性格的分析，甚至把自己当年跟友人关于汤姆的通信也转呈给她；汤姆二姐莉莉的儿子米歇尔也被穆尔肯联系到了，他给穆尔肯的信提供了家族对汤姆在英国读艺术的说法和大量的生活细节。汤姆的"朋友圈"也是穆尔肯从一个偶然提及的名字出发，渐渐"一网打尽"的。穆尔肯甚至跟弗洛伊德的外孙昂内斯特见了面。1984 年，穆尔肯在法兰克福组织了汤姆的第一个回顾展，昂内斯特前来致开幕词，他说，看到表姨的绘本，他的童年记忆被瞬间激活，汤姆送给他自制木头玩具的情景马上重回脑海。

在几年时间里，围绕女艺术家的数千个细节、索引、人物、信息被穆尔肯一点一滴发掘出来，以便她对汤姆的生平和作品进行梳理。

"您简直就是一个福尔摩斯加爱因斯坦！"我对穆尔肯说，"您是怎么完成这项复杂庞大的发掘和研究工作的？还有，这是您的爱好，所以也不可能有研究经费吧？"

"我对汤姆的绝大部分调查研究，是在 70 年代完成的。那时候我在家当全职妈妈，还没有开自己的诊所。所以，我有大量的时间投入自己的爱好。汤姆那时的状况，无异于一个无名氏，完全被遗忘了。去发掘她，就像拼一幅马赛克图，开始的时候，你的手里只握着一两块碎片，然后它们又带出第三四块碎片，慢慢地连点成线……别忘了，七八十年代还没有互联网，一切都要靠写信、打电话。"

"您怎么让外界信任您？恕我直言，您那时不过是位年轻的家庭主妇，爱买老绘本而已。比如，您怎么张口向人介绍自己？"我问。

"实话实说呗。我说我是这位艺术家的收藏者，同时我也是她的研究者，我渴望了解她的生平和创作。这里我要说明两点，第一，不仅对汤姆，而且对我收藏的其他艺术家我都保持同样的工作方法，也就是说，一旦下决心收藏，我就要做到两个 B：为我收藏的艺术家建立系统完整的书目（Bibliographie），同时深入研究他们的生平（Biographie）。这对理解他们的作品、提高我的收藏水准，都极为重要。"

"明白了，您是用这种严肃认真的态度，去打动您希望接触的人。"

"是这样。但是，收藏家的身份容易被人误解为，你是想来淘东西的。所以第二点也很重要：我每次都要解释，我想索取的是信息资料，而不是东西。当艺术家和他们的家属、朋友确认我的目的后，他们一般都会解除戒心，对我敞开心扉，乐于提供帮助。"许多从未公开过的弗洛伊德本人以及家人、朋友间的通信，穆尔肯不仅拿到，而且获得弗洛伊德家族的许可，在她的汤姆研究中引用发表。

"这是您独特的工作方法吧？好像并不是每位收藏家都去抓第一手资料，费时费力地做深入研究。据我所知，很多收藏家做收藏，脑子里主要想到的是日后升值……"

"我不想去评论他人的做法，"穆尔肯打断了我，"但我从做历史绘本收藏得到的乐趣，才是我的真正动力。绘本是一个美丽的世界，但又远不止此。不同时代的绘本，会牵着我们的手，把我们领进那个时代的文化、历史、时代精神和审美。因为研究绘本，我的精神也必须跨进文学、心理、艺术、教育各个领域。通过发掘第一手资料，我有幸去结识还活着的艺术家，或去寻找死去的艺术家的后人，和他们交谈，看到那些一般不示人的作品，这都给我极大的精神满足。更不用说，经过我的努力，汤姆重新得到了她理应得到的艺术地位，这种成功的喜悦，不是每个人都能获得的，我非常感恩。"

"现在，市场上有很多汤姆的绘本重版。这些出版跟您有关系吗？"

"又有又没有。我的汤姆研究得到越来越广的传播，不少出版社利用我的研究成果去找汤姆绘本，拿来重出。但出版是他们的经济行为，和我无关。"

我想到颁奖典礼上主持人提到的那口神秘的越洋箱子，就请穆尔肯把这个故事讲出来。

"这是我经历的所有调研中最艰难的部分。"穆尔肯说。

很长时间内，穆尔肯都不知道汤姆唯一的女儿是否还活在这个世界上。当她终于捋清无数条线索，确认这个7岁就成为孤儿的女儿不仅活着，而且移民到了以色列后，穆尔肯开始多方打听安吉拉在以色列的地址。奇迹般地，她获知安吉拉早已改名为阿维瓦，并且拿到了地址，穆尔肯开始连续两年往以色列发信。但是，十几封信都石沉大海。阿维瓦拒绝和这个德国人发生任何联系。还是在五六十年代，当她母亲的出版人、善良的史度佛还活着的时候，他们通过信。再以后，阿维瓦就不想再跟德国产生任何关系了。

"我们做收藏的人都有一股不达目的誓不罢休的劲儿。"穆尔肯告诉我。她多想认识她最欣赏的女艺术家的女儿，从其嘴里亲耳听到汤姆的故事，这是任何文献都提供不了的、有温度的信息。到了1981年，不知是汤姆的幸运还是穆尔肯的，著名的犹太思想家舒勒姆出现在慕尼黑的一个聚会上。在她多年锲而不舍的调研中，穆尔肯已经熟读舒勒姆对汤姆慕尼黑时期的回忆。她鼓足勇气，走过去和这位20世纪最重要的犹太思想家攀谈，给他讲自己做的汤姆收藏和研究，也把和阿维瓦联系不上的苦恼说给舒勒姆听。舒勒姆被穆尔肯的执着打动，他没有想到，在德国还有人为汤姆的艺术在奔走。他向穆尔肯保证，回到以色列后说服阿维瓦，实际上，他们都住在特拉维夫的附近。

1981年12月，穆尔肯收到了阿维瓦的第一封回信。1982年9月，穆尔肯借丈夫在以色列参加一个国际遗传学会议的机会，终于飞到以色列去拜访阿维瓦。身为医院助产士的阿维瓦，很难克服对德国和德国人的抵触心理，她和穆尔肯事先约好，面谈时间不超过3个小时，而且不许说德语。然而，这次会面进行了3天！会谈的内容，成为穆尔肯的汤姆研究中重要的"口述历史"部分。

在阿维瓦的家里，两人用英文聊了半个小时后，阿维瓦忽然叹了口气，说："好了，我们还是说德语吧。"这无异于一个破冰之举，从那一刻起，穆尔肯赢得了阿维瓦的信任。这个信任也顺顺当当地延伸到阿维瓦的三个孩子，汤姆的外孙女那一辈。

阿维瓦指着客厅边的一张桌子，桌上放着一口破旧不堪的越洋皮箱。阿维瓦说，这是莉莉姨妈1978年去世后，亲戚给她从伦敦海运到以色列来的。箱子里应该是莉莉保存了近半个世纪的汤姆的遗物。阿维瓦从来没有打开过这口箱子。

现在，阿维瓦同意穆尔肯把箱子打开。用穆尔肯的原话："一个童话世界里的百宝箱被打开了。汤姆的艺术遗产终于结束了白雪公主的长眠。"那个忧郁的、才华横溢的汤姆，第一次活生生地站在了她的研究者面前。箱子里装满了汤姆生前的书信、照片、出版合同、画稿原作，有从少女时代给家人创作的小绘本，到她出版过的作品的原稿和草图……无比珍贵的资料，始料不及地丰富！穆尔肯的丈夫当场拍下了400多张幻灯片。

汤姆留在这个世界上的一些重要原作，这么多年就静静地躺在莉莉的箱子里。莉莉不仅抚养了汤姆的孤儿，还把妹妹的作品留存起来，就连莉莉全家1938年从纳粹占领中逃生到伦敦去，都没有落下这口箱子。然而战争结束后，却谁也不愿意碰触往事，这口箱子就沉睡在莉莉家的某个角落里，直到有一天回到阿维瓦的手中，最后由穆尔肯打开。箱子里的部分原作，在 2017 年的卡塞尔艺术文献展上首次呈现给公众。

汤姆不会再被遗忘一次了。

毕加索和一个梳马尾辫的模特

　　毕加索打开门，请菊薇特进到他的工作室。菊薇特看到了一个长方形的巨大车间，里面堆满了瓶瓶罐罐、盘子碗之类的东西。当然到处也是画。毕加索正处在勤奋学习制陶的阶段。被领着穿过杂乱的车间，上楼，拐弯，毕加索推开一扇小门。这是一个凡·高式的小房间，里面只有一张单人床、一把椅子、一个窗户。毕加索一个蹦高，把自己摔到床上，然后瞪起他的西班牙大圆眼，望着停在门口的菊薇特。

　　"我被吓了一跳，心想，他都那么老了，怎么还跟个小男孩似的。看我没有要跟着上床的意思，我们就一起下了楼。"

　　2014 年，年近 80 的菊薇特作为毕加索唯一在世的模特，向各国记者讲述 60 年前的故事。比她年轻好几代的记者，也像当年的同行一样，"心理阴暗"地想挖出她和毕加索在一起的最细的细节。

　　1954 年春天，欧洲还在战后重建中。春天给人们带来对生活格外温柔的憧憬。就连迪奥（Dior）发布的春季女装，线条和用料都重返 19 世纪上流社会的柔滑和繁复，好像在宣告：别再为战争留下的阴影忧伤了，好日子真的回来了。

但这个春天是毕加索的"地狱季"。73 岁，拥有无数女人之后，毕加索有生以来头次被女人抛弃。弗朗索瓦丝——多年的情人，艺术创作上的知音，两个年幼孩子的母亲，在战后和他一起从巴黎搬到南部这个叫瓦洛利（Vallauris）小镇（以下简称"V 镇"）的女人，愤怒地离开了他。这位戴着碎边草帽在沙滩上仪态万千地朝前走，他则穿着大裤衩、举着太阳伞幸福地在后面护着的人，再也不是他的女神了。

海边的 V 镇，阳光明媚，海水碧蓝，这里制陶的传统可追溯到古希腊。1948 年，毕加索通过朋友介绍，在 V 镇玛朵拉制陶中心租下了自己的工作室，学做陶瓷。从此，他的上千件传世的陶瓷作品都从这里诞生。V 镇因为接纳了这个从 1939 年起闻名世界的艺术家，迎来了经济繁荣。跑来看毕加索的游客络绎不绝，艺术家们也纷纷搬来聚居。

但这个寒意轻微的初春，成了毕加索的爱情空窗期。怕老，怕创造力和性欲同步衰竭，他用自嘲的笔法创作了 180 幅以"画家与模特"为主题的小画，也由此一定程度上进行了自我疗愈。系列中的画家人物，时而被画成垂垂老朽，模特如女神勃发；时而画家又充满公牛般的雄性，模特则如惊恐待擒小鹿。艺术批评家历来认为，在毕加索这里，感情危机等于艺术创作危机。艺术史家不是平白无故地用他的女人们的名字来命名他的各个创作期。换一个女人，就换一个毕加索。每个新女人的到来，不仅令他的画风、主题随之改变，就连他听的音乐、爱好的诗歌、住的房子、开的车、养的狗，也都跟着换。这常常让他的老友们无所适从。

在这个春天，菊薇特不喜欢 V 镇街上的陌生男人们总盯着她看。换作别的女孩，会为自己的青春资本大为自豪。而菊薇特严重羞涩。她更加拥紧了自己的未婚夫托比。托比和她一样大，19 岁。两人刚从英国寄宿高中毕业，一时找不到方向，就来到 V 镇，住在菊薇特的妈妈家里。菊薇特的母亲是一位法国艺术家。菊薇特未出世时，父母就离异了。在伦敦开画廊的父亲，没怎么参与过菊薇特的成长。最近一次父女见面，这个英国艺术商看着亭亭玉立的女儿，给她提了个建议：菊薇特的金丝长发，可以在额前剪出齐眉的刘海儿，然后全部发丝绾成高高的一束，登顶后脑勺再扎住，如此垂落的一捧金发，会让菊薇特细长而挺拔的脖颈显得更好看。菊薇特立刻爱上了这个新发型。从英国到法国，一路上没有任何女孩跟她一样。20 世纪 50 年代后期风靡世界的马尾巴，就这样被不经意地设计出来了。

托比喜欢做服装设计和艺术造型。在 V 镇，他找到一些被人扔掉的材料，做成木头、皮革和旧铁组成的前卫风格的椅子，摆在自己的工作室外展览。毕加索喜欢其中的两把，买下了。这对年轻人乐颠颠地举着椅子，给艺术大师上门送货。毕加索看中了菊薇特。其实，他注意这个新来小镇的女孩已经有两周了。她几乎每天从他窗前路过，散步去不远处的未婚夫的工作室。她和这个法国南部小镇格格不入，她的样子是毕加索对北欧的完美想象：高挑、纤细、明亮。她也和毕加索已经离去和将要到来的两个深色的地中海型女人迥然不同。甚至还不能说她是女人。更准确地说，是孩子和女人的混合物，一个朦胧的中间状态。而且，她是那么不可思议的羞涩。"对待菊薇特要格外小心，她易碎。"后来有一次，毕加索对自己与菊薇特同龄的大女儿说。

菊薇特喜欢穿着托比给她设计的竖领灰大衣，和朋友们坐在制陶车间的露台上抽烟，晒太阳。V镇各家制陶车间的露台都极大，用处是晒陶器。这里的阳光终年充足。一群年轻人里，菊薇特是话最少的那个。她对自己的美貌懵懵懂懂，相反，她克服不了的，是对陌生人的胆怯和羞涩。这天，有人发现对面毕加索工作室的外墙，突兀地贴了张素描，大家跑过去一看，竟是菊薇特的头像。此时门打开了，毕加索为自己施展的诱惑术成功而得意，他邀请大家到他的工作室里来逛逛。一群人中最漂亮最性感的女孩激动地请毕加索也给她画一张。毕加索摇摇头，然后邀请菊薇特做他的模特。菊薇特惊呆了。"他居然选中了我，而不是我的朋友！"60年后，菊薇特冲着BBC的镜头，还停留在19岁的惊讶中，"他要画我！"

虽然托比表达了嫉妒，菊薇特还是答应做毕加索的模特。

毕加索问她要多少钱，她说，不要钱，她很荣幸，而且有时间。她没有告诉毕加索的是，她怕收了钱就被要求脱衣服，而这是想都甭想的。

"我这里来了个过假期的女孩，给我当模特。我从来没有跟模特真正一起工作过，这是头一回。我已经画了上百幅画了。"毕加索在给朋友的信里这样写道。朋友们一惊非小：毕加索对模特的"不忠"是出名的，从模特那里他往往只是取个影儿，他真正的创作是移植，分解，变形，多维度重叠，去到抽象的层面上表达他要表达的东西。这次他是怎么和模特一起"真正"工作的呢？

朋友们赶到 V 镇探望他，发现那个自怜自嘲的老头没了，毕加索又活过来了。玛朵拉工作室里充满了一个梳马尾巴的女孩形象，现实主义、古典主义、立体主义，素描、油画、版画、陶瓷、剪纸、雕塑、锡板雕刻……无论什么艺术风格、何种技术手法，让人一眼就认出的，都是那条马尾巴辫子，一个在当时和之前的任何时代都从未出现在女人头上的发型。它使女人变得如此新颖迷人，又陌生暧昧，好像是女人染上了女孩味儿，女孩又带些女人味儿，而且还有那么点让男人不习惯的东西：独立和不羁。她出现在你的眼前，用绽放的青春诱惑你，却天真自然得让你下不去手。

这活脱脱就是碧姬·芭铎，一个在 20 世纪 50 年代用福柯批判的大众媒体手段——电影，革命性地改变了一代妇女并教育了一代男人的女明星。不过，毕加索画菊薇特的时候，碧姬·芭铎正在电影圈里冉冉升起，还没有锁定自己标志性的风格。直到两年后，1956年的戛纳电影节，碧姬·芭铎终于得以如日中天。她到毕加索在戛纳的别墅兼工作室去拜访他。媒体纷纷猜测，两年前，世界各大杂志刊登的、毕加索创作的菊薇特画像和写真照片，通过这次拜访，赋予了碧姬·芭铎重要的灵感。拜访过毕加索后，她把自己天生的深棕色头发染成了菊薇特一样的金黄，并且扎成了菊薇特的马尾巴。只不过最后，既不是菊薇特也不是毕加索的画，而是她碧姬·芭铎，让马尾巴辫子成为整个一代青春女性疯狂模仿的形象。毕加索很高兴看到碧姬·芭铎，但是从来没有画过她。他的工作室里仍然摆着多幅菊薇特的画像。碧姬·芭铎是否受到过毕加索的"马尾巴女孩"的影响？大明星从来没有正面回答过这个问题。但在自传里碧姬·芭铎提到过一句："菊薇特和我就像是一个模子里刻出来的。"

不算毕加索凭记忆画的第一张素描，真正的"菊薇特系列"始自1954年4月18日，终止于当年6月的某一天。在4月份创作的画面上，菊薇特穿着新潮的竖领大衣，脖颈如方尖碑一样挺直；到了五六月份，她换上了无领大V字低胸薄衫，铅笔道儿似的简洁长裙，平底芭蕾软鞋，宽大的腰带锁住蜂腰。她时尚而个性的服饰就像她的发型，让毕加索着迷，要一遍又一遍地试验下去。两个月旺盛的创作，日后被正式收进毕加索作品目录的多达 50 余件。毕加索对自己创作的记录方式，严谨得跟科学家或公务员有一拼。每幅作品上有日期与签名，而且，他信任的几位摄影师轮流守其左右，用影像的方式记录下他的创作环境与过程。"菊薇特创作期"留下了不少珍贵的照片，甚至还有一段纪录片。同年 9 月，在巴黎举办的毕加索画展上，菊薇特画像首次展出，轰动了世界。"菊薇特系列"立刻被冠名为毕加索的"马尾巴时期"，跻身于他的"蓝色时期""粉红色时期"之列。

无数记者、摄影师拥向 V 镇，拥向菊薇特，还有好莱坞的片约。公众惊呼，一个新时代的化身出现了！别忘了，20 世纪 50 年代中期，是一个出《洛丽塔》的时代，战后的心理创伤正在用各种方法治疗，"青春崇拜"是其中的一味猛药。

可是菊薇特闪了。她让妈妈转告所有来人，她不在。

在世界惊呼毕加索的"马尾巴时期"时，毕加索已经转身开始画一个新的女人——杰奎琳，他日后迎娶并陪他到死的一位成熟女性。艺术天才的危机阶段终于彻底结束，他的创作转入了平稳的"毕加索晚期"。经过短暂的欢呼后，艺术批评家们把"菊薇特系列"打入了冷宫。在毕加索百年展和各种回顾大展中，"菊薇特系列"均缺位。批评的矛头主要指向两点：与创作对象距离太远，与时代趣味距离太近。说白了，第一点是指画家和模特之间缺乏肉体亲密关系，因而缺乏艺术表现的真实感和张力；第二点是指责像毕加索这样划时代的艺术家，本应该创作永恒的艺术，而不应该去贴近"时代精神"，甚至去表达时尚。

唯有德国艺术界不这么想。德国艺术史家加尔维兹为毕加索辩护，恰恰是进入老年的毕加索，敏锐地捕捉到时代的本质情感需求并赋予表达的形式。"这是战后首次，毕加索的一幅肖像作品成为整个年青一代的偶像。"加尔维兹写道。时代精神中包含的流行文化元素和审美诉求正应该和现代艺术息息相通。2012年，美国古根海姆博物馆让"菊薇特系列"回归。2014年春，德国不来梅美术馆克服种种困难，从全球各大博物馆、艺术厅、画廊和私人收藏家手里征集到了几十件"菊薇特系列"作品，举办了《菊薇特——毕加索和他的模特》主题展，并且请到了现居英国的菊薇特到场开幕。她已经79岁了，剩下的只有衰残。可是所有看到她的人，都马上明白了毕加索超人的眼光。

悔吗？

不光是记者，所有人都想问菊薇特这个问题。

后悔没有做毕加索的情人吗？后悔没有顺势进入明星圈，出人头地吗？后悔没有因此一步登天，嫁给贵族富豪？就连毕加索送给她的那幅画，后来也迫于贫困低价出手，几经转卖，这幅菊薇特认为跟自己最酷似的油画肖像，现在被一对美国夫妇以百万美金收藏。

19岁的菊薇特，还没有任何人生计划。对她唯一重要的事情，就是和托比相爱。两年后她嫁给了托比。再以后，是被背叛和被抛弃。8岁那年遭母亲的男朋友性侵，菊薇特吓得连母亲都不敢告诉，独自藏着这个伤害，直到年逾七旬才有力量坦然说出。毕加索是她遇到的好男人，因为没有对她做过她不情愿的事情。怎么会后悔呢？菊薇特说，我非常快乐。我很快就要从这个世界消失了，可是，毕加索的画让我的存在永恒。

回到1954年的春天。当模特的工作其实很单调。每天上午，走进毕加索的工作室，问好。毕加索是个非常整洁的男人，胡子刮得干干净净。工作开始前，毕加索为她准备一盒她爱抽的美国香烟。她坐进那把著名的曲木老藤摇椅里，这把摇椅出现在毕加索的众多作品中，是一个经典的毕加索元素。工作时，菊薇特面向窗户，能看见海，还有就是一支接一支地抽烟。毕加索不抽烟不喝酒也不说话，只埋头作画。这样很好，因为菊薇特不喜欢说话。有好几次，菊薇特坐着睡着了。工作结束后，道别，约好下次。或是几天后，毕加索到托比的工作室约一下时间。他们不用电话。

有一天，菊薇特如约来到毕加索的工作室，发现了一幅自己的裸体油画，铅灰色的。"你喜欢吗？"毕加索兴趣盎然地问她。"不错！"菊薇特得体地回答。这是"菊薇特系列"里唯一一幅裸体作品，毕加索凭想象画的。"我知道他想听到的回答是什么。他希望我脱。但是我做不到，就假装不知道他的想法。"

　　中间休息的时候，毕加索常带着菊薇特在巨大的工作室里逛，给她展示自己各种各样的作品；有时把她带到车库，坐进他的老牌豪车里，假想前排坐着司机开车，两人坐在后座上。这时他变得很放松，喜欢滔滔不绝地讲艺术的伟大，创作的神圣性犹如创世记。菊薇特总是那个倾听者，连提问者都没有当过。在一幅菊薇特画像上，她没有嘴。这可能是毕加索对她不爱说话的一个"报复"。

　　当时她还全然不能了解，毕加索给她的"辐射"有多么严重。菊薇特45岁那年，3个孩子都长大离家。她早已第二次离异。她拿起了画笔。从1985年开始，她举办个人画展至今。

"编外教授"高立希

　　高立希，原东德人，1939 年出生于柏林南部 80 公里以外的勃兰登堡。

　　2007 年 8 月，中国政府授予他中华图书特殊贡献奖。在人民大会堂，他和顾彬一起领了奖，顾彬代表中国诗歌的德语翻译成就，高立希则是中国当代小说的德译大家。接下来的酒会上，喝到一半的时候，我和高立希没跟任何人打招呼，就悄悄离开了会场。我们打车去了机场附近的王朔家。高立希是王朔《顽主》《看上去很美》这两部小说的德文译者。

　　王朔家开着空调，窗户紧闭。但就是这样，飞机起降的轰鸣声还是很大，好似客厅里的另一个成员。王朔给我们播放了电影《一个陌生女人的来信》中的音乐，琵琶的叮咚声渗进了这间有些凌乱的屋子，而且这音乐也像王朔似的，自顾自说，无视飞机的噪声。满头白发、深目高鼻的高立希坐在王朔家的沙发上，也只是轻松地闲聊。德文版早就出了，他没有什么问题需要请教作者，只不过是想来认识一下这位极另类的作家。王朔当时的精神状态有些断断续续，但很诚恳。我们出来后都没立刻说话，高立希只是和我交换了一个眼神，那一刻我就明白，这个人是不会把王朔给译拧巴的。

2015年早春，我和高立希在德国不来梅又见面了。他刚和太太搬到离儿子家比较近的地方，安度晚年。"安度"的具体方式是这样的，他笑着举例说给我听：阎连科的长篇《受活》刚交完稿，马上就开工译余华的《第七天》。这次，我们约好了，用整整一个下午的时间来聊他的个人经历。瘦高的老人坐下后，我发现，他在外交场合练就的那种优雅依旧，记忆力的精确和用词的斟酌也一如既往，就像他不肯随年龄略微弯曲一点点的脊背，都保持着完美。当然，他在前东德50年生活磨炼出来的谨慎感，也如影随形，成为他去不掉的一部分。

他给我带来了一沓旧照片，有大有小，有黑白有彩色，彩色的也都褪了色。在一张长条状的黑白照片上，高立希年轻得让我不敢相认。他坐在后排的译员席上，身体恭敬地微微前倾，正在为当时东德的一位领导人口译着什么。整个画面是我们经常从电视上看到的那种官方正式场合，沙发在一条直线上整齐排开，不带任何弧度。中外领导人之间摆着茶几，大家端正地朝前坐着，跟对方说话时，都必须扭头侧脸。在另一张照片上，高立希已人到中年，和陆文夫吃火锅，两人暂时停下筷子，一起看镜头，很惬意的样子。还有和乡镇青年模样的余华的早年合影，和众多中国青年学者站在海德堡印刷机车间里的群像……从中国学者的衣着发型看，是20世纪90年代初的风格。我遏制住继续翻看照片的好奇心，请他先讲讲他和中国的渊源。

一

1957年至1961年，高立希在莱比锡的卡尔·马克思大学攻读了英语和汉语的翻译学位，口译和笔译都包括在内。他当年的汉语老师给他起"高立希"这个中文名的时候，一定注意到了他将近一米九的个头。

他的学习成绩优秀，但不是东德共产党党员，毕业后幸运地被分配到了东德外交部工作。这条初期的事业线显得和20世纪60年代初的倾向并不匹配。他解释说，家庭给了他很大影响。父亲是教师，母亲是图书馆员。外交部选拔的都是尖子生，而高立希的学习成绩是尖子中的尖子。和计划经济时期的中国一样，前东德的大学生也必须毕业服从分配。高立希一毕业就被分配到外交部，从莱比锡搬到了柏林。

1961年的柏林，是一座气氛压抑的城市。8月13日这天开始修砌柏林墙。而那一天高立希正在波罗的海边度假。他记得自己上班报到的日期是8月20日。他曾私底下打算，度完假就想办法跑到西德去，当时还可以靠关系、走些通道过去。到了柏林后他才发现，在那里人生地不熟，而墙一修完，东西柏林之间就通行无望了。

所以他一参加工作，就垂头丧气的。加上外交部里全是党员同志，政治氛围的浓度超高，这也弄得他浑身不适。他接受的第一份任务是跟部里的一位老同事去一个"跨界者"家里执行命令。"跨界者"这个词很怪，指当时住在东柏林，却在西柏林上班的人。他们拿西柏林的工资，然后以一换十，在东柏林过着国王似的日子。高立希的任务是，禁止"跨界者"再去西柏林工作。

他个人的转机很快来了。东德驻华大使馆里有一位英文女译员，和南斯拉夫大使馆的一个外交官有染，突然被揭发出来。南斯拉夫那时是东德的敌人，南斯拉夫领导人铁托是社会主义阵营中的所谓反革命分子。于是，这桩桃色事件立即被升级为政治事件。女译员被遣返回国，而她的空缺急需被填补。进入外交部不到三周，高立希就被派到了北京补缺。那年他才22岁。难怪我认不出黑白照片上那个身体前倾的年轻人。

"你对这个突然的调动满意吗？"我问。高立希喝了一口茶，回答道："对我来说，这是求之不得的大好事啊！我能借此脱离东柏林和东德外交部的那个压抑氛围，去到风平浪静的北京。北京在我心目中就是台风眼，风暴中最安静和安全的地方。"

二

可是，他对1961年北京的第一个印象，"除了大吃一惊，还是大吃一惊"。高立希说着，用食指敲敲茶杯口。思索片刻，他又修改了自己刚才的说法。事实上，初到北京后，他一共吃了三大惊。

东德大使馆当时设在北京东交民巷的一个明清庭院里，应该是今天首都宾馆的位置。从使馆步行就能走到天安门。高立希既在使馆上班，吃住也在那里。1961年正是中国的三年困难时期，使馆的院子里长了几棵槐树，他看见有中国人爬到树上，摘槐树花吃。当时的中国与国际社会处于封闭状态，欧洲跟中国没有建立外交关系。哪怕在东德，通过西德媒体也读不到任何有关中国灾情的报道。而高立希一到中国，就目睹了这惊心动魄的一幕。

另一件让他惊骇的事情是中苏关系正处于恶化状态，连苏联专家都从中国撤走了。社会主义兄弟国家之间发生如此重大的政治纷争，东德的马克思大学和外交部却对高立希这样的接班人百分之百地封锁消息。

最后让他震惊不已的是，从中国派到莱比锡马克思大学的汉语老师知道实情，但她却服从组织纪律，对东德学生们闭口不谈上述情况。高立希说到这里有些激动。他前几天从不来梅去莱比锡参加一场中国文学活动，意外地碰到了当年这位中国女老师。她比高立希大8岁，当时已经83岁了，样子还非常好。师生两人穿越半个多世纪，居然又在莱比锡重逢，真是不可捉摸的命运。

尽管饥荒和时局给他惊吓，北京城却是美好的。高立希尤其难忘北京的蓝天。天总是那么蓝，有时把照片寄回家，家里人会说，你能寄几张天空带云彩的照片吗，也好显得有些变化啊。说到这里，他笑了，语气坚定地说："可是，北京的天空就是蓝得连云彩都少有！空气也非常好。从北京饭店贵宾楼的第十层，可以一眼望到香山！"那时，北京城还没有一座高楼。北京的建筑风格也很迷人，虽然有些地方土气、破败。他喜欢北京的一切，认为北京跟他从文学作品中读到的那个地方一模一样。在莱比锡读中国语言专业时，大学只教语言，关于中国的历史、文化、经济，都是高立希后来自学的。

他还爱上了京剧。作为一个年轻的单身汉，他业余时间最大的消遣就是听京戏。高立希常去吉祥剧场，50多年后，他还能详细地描绘他去听戏走的路：从他住的东交民巷走到王府井北口，右拐进入金鱼胡同，经过许许多多小店铺，小心着不要迷路，某个深处就藏着吉祥戏院。高立希是吉祥戏院的常客，他在那里度过了许多个夜晚，看了许多出戏。舞台边有时会打出唱词字幕。有次，他身旁坐了一位北京老太太，遇到听不懂的唱词，她就用胳膊捅捅高立希，问："他说什么?"高立希就小声讲给她听。几次以后，她问高立希身为外国人怎么什么都听得懂，高立希指指字幕：上面都写着呢。她说自己是不识字的。

说到20世纪60年代初北京城里的外国人，高立希说，除了几个发展中国家和社会主义兄弟国家的使馆等驻华机构外，北京没有什么外国人。少量的外国人都过着优越和特殊的生活。即使在大饥荒期间，外国人也什么都能买到。他特别记得在王府井北口的锡拉胡同，今天已经没有这条胡同了，那儿有专门为外国人开设的市场，蔬菜、肉、米，样样不缺。高立希当时在使馆的工资是180块，根本花不完，比如到金鱼胡同的和平宾馆美餐一顿，也就花四五块钱。

在物质生活上享受着特殊优待，在跟本地人的交往上却被极大地限制。高立希开始强调作为外国人在北京生活的真空这一面。不仅东德使馆颁布纪律，禁止自己的工作人员跟中国人交往，而且，中国方面也设置了同样的规定。当时的情况就是彼此之间几乎不来往。高立希用"互相仇视敌对"来形容那时候的中国和东德外交关系。"对中国而言，我们东德跟苏联一样，都是修正主义。当然东德也立场鲜明地站在了苏联一边。这也是理所当然的，我们本身就是苏占区嘛。中方总是骂我们修正主义，用非常愤怒挑衅的口气。我们坐在那里挨骂，受羞辱，有时真的要把双手握紧拳头，插在裤兜里，控制住自己不要回骂。"

我问高立希，在他的翻译官生涯中是否需要掌握众多骂人的词汇。他说那倒不必，骂人的话都不用翻译，表情语气已经说明了一切。

我从高立希带来的那堆照片里拣出一张黑白照，也是中外领导人就座的场面，还有不少女宾。座位排序不是那么规范，而是一组一组的，有茶话会的欢乐气氛。"你看，"我点点这张发黄的照片，"还是有挺友好的时候嘛！"

高立希看了一眼，就如数家珍地说起来："摆拍的，这么友好的样子是做出来给人看的。这是 1964 年，朱德接见我们大使科特，我当翻译。这边坐着的是康克清、西哈努克、薄一波、林枫、郭沫若和郭夫人。拍这张照片，是为了庆祝民主德国国庆 15 周年。"

在东德驻北京大使馆一共工作了 5 年，高立希特别想讲的中国政治人物是周恩来。1964 年，东德第一任国家总理格罗提渥去世，周恩来到东德大使馆吊唁。高立希受命去王府井美术服务部买一支好毛笔，供周恩来题词用。高立希买了店里最贵的一支，记得价格是五块九，在当时算是很贵了。

周恩来抵达时，高立希的任务是为他开门引路。周恩来下了车，高立希上前用中文问候："您好！"周恩来用德语问高立希："Wie heißen Sie, Genosse?"（同志，您叫什么名字？）高立希告诉他自己姓"Kautz"，周恩来说："Guten Tag, Genosse Kautz!"（您好，Kautz 同志！）随之步入使馆，用四五分钟的时间致了悼词，高立希为之做了口译。然后，周恩来用高立希买的毛笔在纪念簿上题了词。告别时，又轮到高立希为周恩来开门，周恩来说："Auf Wiedersehen, Genosse Kautz!"（再见，Kautz 同志！）"他居然记住了我的名字！我这个使馆里最微不足道的人！"75 岁的高立希坐在不来梅，发出一声由衷感叹。他说，这样的经历，他一生中只经历过两次，另一次是英迪拉·甘地。这两个人都没有必要对小人物投入任何关注，但他们都这样做了。1976 年周恩来去世时，正好是高立希第二次在华工作期间。长安街上站满了悲伤哭泣的人，高立希也站在送行的人群中，对周恩来表示最后的敬意。

高立希结束首次在使馆工作的时间是 1966 年，恰好是中国"文化大革命"开始的年份。而他的的确确是带着红卫兵扇他的两记耳光离开中国的。

"文革"一开始，苏联和东德大使馆的大批外交官就感到环境不再安全，他们拖家带口，纷纷回国。使馆的其他外交官和高立希这样的工作人员都要陪同到机场，执行送行任务。一是礼节上进行欢送，同时也是为了保护外交官的人身安全。此时翻译官高立希的在场，就变得十分必要。因为一旦遇到什么意外情况，就需要他进行翻译。东德的外交官们除了俄文，不会其他外语。机场有很多红卫兵，他们不知从哪里得知，高立希拿的是绿色护照——非外交护照，就把他包围起来，一遍遍对着他振臂高呼："打倒修正主义！"突然一个红卫兵冲到他面前，抬起胳膊就给了他两记耳光。也许是这位小将的个头还小，去够高立希的脸比较费劲，也许是小将对打一个外国人还有些心虚，总之，这两巴掌并不很疼，但已经足够将高立希吓蒙。10天之后，他准时结束了使馆任期，返回东柏林。

1973年至1976年，高立希第二次前往中国工作。这一次的起因很奇特。当时东德规定，男性在年满34周岁之前，有参军义务。1973年，已经结婚、将满34岁的高立希正在柏林洪堡大学当英语老师，突然接到了服兵役的通知。但他无论如何也不愿意服兵役。好在这回他在柏林有了关系，通过在外贸部的熟人，高立希谋得了东德驻华商务代表处首席翻译官的职位。于是他带着太太和孩子一起到了北京。那时留着大胡子的高立希，常被中国人叫作马克思。

"你是成心想跟马克思沾点边儿吗？"我跟他开了个玩笑，同时想起从前国庆时竖立在天安门广场的马恩列斯巨幅肖像。在20世纪六七十年代，这几位是全国人民唯一熟识的外国面孔。

"我才不想像他呢！"高立希也笑了，继续回忆第二次在中国的生活。他们全家在1973年圣诞前夕到达北京，马上就收到通知去使馆参加圣诞晚会。此时，东德使馆已经从东交民巷搬到了三里屯。高立希的儿子那时上二年级，他在圣诞晚会上唱了一首马丁·路德作词的《我自天空而来到世间》，一首很美的传统圣诞歌曲。清脆纯洁的童声落下后，全场气氛变得很尴尬。紧接着，大家唱起了进步的革命歌曲《我的妈妈是处长》。

相隔不到 8 年，高立希重返的北京，已经是 20 世纪 70 年代"文革"中的北京。跟"文革"前相比，这里发生了很多变化。那些高立希喜爱的文化古迹、亭台寺庙，不是被封就是被毁。他深爱的京剧被禁止了，到处放的演的都是样板戏。他只听了一次，就不再听了。

作为外国人，他仍然不被允许跟中国人发生任何私人接触。中方的规定倒是比以前宽松了一些，但也谈不上有根本改变。在东德商务代表处工作的 3 年里，几乎每天上午从 9 点到 12 点，他都在二里沟的进口大楼里协助谈判。那时，东德主要向中国出口工业设备，从中国进口一些原材料和食品。最复杂的一次谈判是关于东德的一整艘货轮。东德方面特意派了一位工程师到北京来参加谈判，大到螺旋桨的设计，小到医药箱里的避孕套，全属于谈判的内容，半年时间谈的都是这艘船。

1976 年 7 月，他又一次离开中国，在唐山地震和毛泽东逝世之前。

回顾先后两次共 8 年在中国的长居，高立希始终没有真正接触过中国人。1978 年中国改革开放以后，高立希作为高级口译每年来中国工作几周。从那时起，他才真正开始和中国人交往。说到这里，他停下来屈指算了一下，说："跟中国打了 17 年交道以后，我才平生第一次和中国人有了私人接触！尤其到了 80 年代，有时和中国人交谈的时候，我简直不敢相信自己的耳朵，他们居然敢于如此大胆地表达自己的想法，在以前这是想都不敢想的。作为来自民主德国的人，我非常熟悉一个人不敢说出自己真实想法的情况。但中国人已经开始变得大胆起来。"

三

从 1976 年直到 20 世纪 90 年代初两德统一前，高立希在东柏林的洪堡大学教书并做语言学研究。他的博士后教授资格论文有个很深奥的题目：研究德语和汉语中的主动被动语式。我问，他是否有意选择攻读跟政治不相关的语言学专业。"那倒不是。"高立希大方地回答，"当时年轻，没有太多想法就学了这个专业。但这的确造成我此后的职业跟政治的相关性不大。这倒是挺不错的。在大学里，我们每个人做自己的事，而'上面'希望我们不要'出圈'。什么是'出圈'呢？以我为例，我是做语言翻译研究和教学的，但如果我还要到处去做报告、写文章发表，这就是'出圈'。虽然没有明文禁止，但现实中，大学里确实没人会主动做多余的事情。"

在"被禁止"和"不希望"之间，存在着每个人要去独自体会的微妙。显然，选择乖巧是那个时代的生存之道。

1980年，高立希读完博士后。1982年，他17岁的大儿子试图穿越边界逃到西德。大儿子这么做并不是出于政治原因，而是由于出了心理问题，想换一个地方生活。因为东德人没有出国自由，所以这个年轻人决定逃跑。两德边界上安装了自动机枪，人一碰到铁丝网，机枪就开始扫射。高立希的大儿子一共中了13枪，幸运的是，他被射击后倒在了西德一侧。他挣扎着爬到边境附近的居民门口求救。头两家看到这么一个血淋淋的人吓坏了，没敢开门。幸运的是，最后他还是获救了。直到1989年柏林墙倒，大儿子才得以和家人重逢。

这件事对高立希全家造成了很大的影响。从那时起，东德国家安全部的人开始成为他们家的座上客，动不动就来，一屁股坐在沙发上，偷偷打开录音机，向他们提出无数问题。那段日子不堪回首。非常难得的是，高立希在大学的同事们都支持他，没有人落井下石。甚至那些党员同事都纷纷替他说话，把他形容为一个对政府没有二心的人。说到这里，高立希主动停下来看了我一眼，可能发现我的眼睛里充满问号，于是就把话说得更明白些："事实上，我的确没有做过任何反对政权的行动，我不是造反者。说老实话，我也不敢造反。我胆小怕事。我有三个孩子，有一份自己爱做的工作，有属于自己的漂亮房子，日子过得不错。我没有具体的理由、威胁我生存的理由，一定要去推翻东德政府。"

20世纪80年代的东柏林，气氛虽然比1961年时好一些，但高立希发现，自己渐渐进入了事业的瓶颈期。1989年5月，距推倒柏林墙还有半年，洪堡大学亚洲系的党支部书记找他谈话，对他承诺，只要高立希入党，9月份新学期开学时，教授的席位就非他莫属。此时高立希快50岁了，他对好心的支书说："算了吧，我都这么一把年纪了，还是让年轻人入党吧。"

我问："可以说，你在前东德时期是一位对政治漠不关心，但业务能力很强的学者和翻译家吗？"高立希坚决不同意"对政治漠不关心"这个描述。他说："我对政治很关心，甚至非常关心。我在私下里跟我的好朋友分享我对政治的看法，对当局的不满，只是我没有行动。当然，跟好朋友分享也是有一定风险的。两德统一后，有的人在前东德国家安全部的秘密档案（按：史塔西档案）里发现了很丑恶的东西。我们这里有一个著名的案例，一位前东德知名的反对党人士，发现她的丈夫原来受国家安全部之命，一直在暗中监视她，而她毫无察觉。自己的丈夫啊！"

高立希说，两德统一后，他也去读了自己的史塔西档案。每个前东德的公民都有权利申请查阅自己的史塔西档案。前东德国家安全部的秘密档案在两德统一后就存放在档案馆里。人们可以去档案馆阅读和复印。出于不要挑起仇恨的原因，其中很多名字被遮挡起来。高立希早在1991年就读了自己的档案。这份档案一共有 180 页。静静读完后，他感到巨大的释然。没有亲人和亲密的朋友在告密的行列里。那些告密的人，名字虽然被挡住，但他还是能通过复原当时的情景，或者通过笔迹，猜到是谁。但这已经不重要了。

高立希还反对我的另一个看法。我认为他在前东德时期受到了不少压制。他非常认真地向我解释："不能说压制，压制是不准确的说法。但是，的确受到了限制。不过东德的情况就是这样，在高校里，每个人都有自己的领域，做自己的事，我就老老实实做语言和翻译研究，离政治远远的……"

在远远的距离外，高立希把自己逐渐练就成了公认的中国当代文学翻译大家。他说，这项新事业是被一个平淡无奇的开头撬动的。洪堡大学有一位文学研究者，在编选两部中国当代短篇小说选集，高立希报名翻译其中几篇。从此，他尝到了翻译文学的乐趣，一发不可收。东德电视台有时还播放中国 20 世纪 80 年代的电视剧，于是他报名翻译电视剧剧本。再后来，林海音的电影剧本《城南旧事》也由他翻译成德文。

他接手翻译的第一个中国当代大作家是王蒙，随后是邓友梅和陆文夫。东德最大的文学出版社奥夫堡（奥夫堡的德语含义是"建设"）早在 20 世纪 80 年代就积极地出版中国改革开放时期的小说。1988 年，奥夫堡跟高立希签约翻译邓友梅的《烟壶》和《那五》，计划将这两部小说合在一起，做成 1990 年莱比锡书展上年度最美的书。书中的插图十分精美，高立希把自己在北京搜集到的鼻烟壶和照片都贡献了出来。

1989年11月9日下午5点，奥夫堡出版社举行了年度翻译奖颁奖典礼，高立希荣幸地获得了最佳翻译奖。这天晚上，他和朋友们在家里大大庆祝了一番。晚上大约9点半的时候，每个人都喝得差不多了，他习惯性地打开电视。屏幕上播放的全是人们在博恩霍姆大街上翻墙、跨越边界的场景。高立希和朋友们一眼就看懂了，柏林城里正在发生一件大事！那些日子一直充满动荡，这天晚上出现的局面则将是动荡的终结。此时众人恨不得立即开车进城，加入激荡的人流。问题在于，大家都已经喝了不少酒，而他住的地方离柏林市中心开车要三刻钟。"可是，"高立希用微微自责的声音回忆这个历史时刻，"唉，我们这些老实巴交惯了的东德公民啊！思前想后，大家都觉得自己喝了酒，怕被警察罚款，最后还是乖乖地留在家里！就这样，我们错过了去现场亲历这个重大事件的机会。其实，警察在这个晚上有比抓酒驾更重要的事啊！"

高立希获奖与推倒柏林墙居然是同一天！我追问，柏林墙倒对邓友梅小说的出版有影响吗？

高立希说，因为事先一切都安排好了，所以不管墙倒不倒，邓友梅的《烟壶》和《那五》已经上机开印。到了1990年初，这本书按照东德的标准印量一万册隆重上市。东德的出书品种虽然不多，但单本的开机印量都很大。而且，这本书还被内定为年度最美图书，在1990年3月的莱比锡书展上隆重登场。然而，柏林墙一倒，人们的阅读兴趣一下子就转变了，呼啦啦倒向了旅游书、菜谱、西方文学……那些从前想读也读不到的书，现在终于可以敞开了读。于是，邓友梅的这本书就像一坨铅块，压在书架上，谁也推不动，最后只好化为纸浆。高立希说，其实那真是一本不错的书，可时代的瞬间巨变任何人都始料不及。

那么，王蒙的书在柏林墙倒塌后出版了吗？我也想知道。

1989 年初，奥夫堡出版社和高立希签约翻译王蒙的长篇小说《活动变人形》。出版社原本打算在邓友梅之后紧接着出版王蒙，约定的翻译交稿时间为 1990 年年中。可是要知道，还沉浸在激动中的高立希说，1989 年年初到 1990 年年中，短短一年多时间，世界已然是两个样子。因为邓友梅的书根本卖不动，奥夫堡就把王蒙放弃了。出版社如约用东德马克向高立希支付了翻译费，并把译稿退给了译者。鉴于中国当时还没有加入《世界版权公约》，出版中国的图书无须与中方商量，王蒙的书就此搁浅。

随着后来东西德的学者们开始频繁自由接触，高立希认识了越来越多的西德同行。其中一位对他做中国小说翻译很感兴趣，高立希就给她寄去了《活动变人形》其中一章的译文。她读后立即打来电话，激动地说："这是一部非常精彩的小说，我能为您推荐出版社吗？"在这位西德学者的帮助下，《活动变人形》最后落户在一家小小的瑞士文学出版社。

四

两德统一后，高立希的前东德身份在他的后期事业线上变得十分微妙。

1990 年，德国成立了一个汉学家联盟，因为高立希不是前东德的党员，柏林墙倒后，他属于"政治上没有负担的人"，被大家提名竞选联盟主席。他从前的同事们也加入了这个联盟，他们是前东德时期的党员，习惯了旧时代的优越感，因此想推选自己的代表争当联盟主席。最后，高立希成功当选。此外，柏林墙倒塌后的第一届欧洲中国研究学会在荷兰莱顿举行，在众多西方国家的同事支持和鼓励下，高立希也顺利当选了学会董事。这些事情在东德时期都是完全不可能发生的。

但这并不意味着，两德统一后，原东德学者的事业就一片光明了。

高立希说，西德同事们对他都很友好、尊敬，但是，交往起来真的不是那么简单。在东德时期，他的事业没有起色，因为他不是党员。可是两德统一后，他也没能如愿当上教授。原因是——他"太老"了。西德评教授的最后年龄界限是 52 岁。再加上两德统一后的教授任用都是按照西德标准执行，而高立希在西德没有人脉网络。他曾向五六所大学投了教授申请书，但永远被排在候选人名单次席的位置上，排第一的从来都是西德人。

一个在语言学研究与教学、翻译理论和实践上都有一流建树的人，一个在外交界、商务界、学术界和文学界均游刃有余的人，在退休前拿到的只是一个"编外教授"的头衔，荣誉大于实质。不过可以肯定的是，高立希那部650页的专著《口笔译教学手册》会长久地流传下去，影响德中两国几代翻译学人。

年过50岁，当教授头衔变得无望以后，高立希离开原东德的地界，加入了德国国家对外文化传播机构歌德学院，负责全球高级口译的培训项目。他在中国培养的学生现在不少身居要职，如北外德语系骨干王建斌、外交部高级翻译肖君、华东师大德语系宋健飞等，这些中国徒弟都亲切地叫他"老Kautz"，比周恩来的"Kautz同志"还要亲近些。在德国，勤奋翻译中国当代文学的后起之秀们，也深受他的滋养。高立希坚信，中国人终会记住，他的高才生——张爱玲、苏童、刘慈欣等作家的德文译者马海默的名字，就像记住他本人的名字一样。

在统一后的联邦德国里，高立希尽管对自己的东德身份还有一种若隐若现的敏感，尽管他有时会怀念前东德时期朋友间的亲密，甚至有时会认可那时的某些规矩，比如人人都必须种麻疹疫苗，但归根结底，他还是认定，推倒柏林墙这件事，对他意味着一次巨大的解放。他说："我感到我的精神得到了解放。我再也不用去做违心的表态。我终于可以公开表达我自己的思想。拥有了这种自由感之后，我惊讶地发现，其实自己多年深藏的思想，离社会主义也差不到哪儿去！我觉得共产主义有它非常可贵的地方，我只是不认同德国统一社会党的做法，不认同他们的实践。"

东德时，他在大学工作，用业余时间翻译中国小说。"今天，"高立希自豪地说，"我不仅做翻译，还发表文章阐述我对这些作品的看法。这在前东德，就是干了上面不希望你干的事。幸亏那时我没干，否则很有可能遇到麻烦。柏林墙倒后，在开拓事业方面，我还是打开了很多新天地。"

从1992年开始，高立希第三次长期在中国工作，这次是在北京歌德学院做高级口译的培训。有一天，瑞士出版社写来信，提出《活动变人形》对西方读者来说太长了，要求他削减一些篇章。高立希感到十分为难。出于职业规范，译者不能擅自删减作者文本，但是出版社再三要求。高立希忐忑不安地去家里拜访了王蒙，把自己建议在德语版中省略的篇章一一与王蒙商讨。他清楚地记得，那是1992年，王蒙早已从文化部部长的职位上退下来，住在朝阳区亮马市场附近的一个四合院里，传统风格，舒适的家里堆满了书。刚开始的时候，两人还一处处地讨论，突然王蒙说："别说了，要删就删吧，删吧！""他不再和我讨论了。"高立希幽默地耸了耸肩。

德语版《活动变人形》的装帧做得很美。高立希至今都认为,这是他翻译过的中国当代小说中的最佳之一。1995年,在结束中国的工作返回慕尼黑之前,他和王蒙在北京举办了一场《活动变人形》的中德语朗读和对谈会。他的学生们在这场活动上进行了一场"实战"。活动现场挤满了听众和记者,他的学员坐在同传间里,把他对王蒙的提问译成中文,把王蒙的回答译成德文。面对观众朗诵自己的作品不是中国的传统,高立希暗中猜测,王蒙或许是头一次经历这种场面。但老人在台上表现得活跃自信。二十几年过去了,高立希还保留着《北京晚报》上刊登的一张他与王蒙合影的小照片。

我问他,当过文化部部长的王蒙跟其他作家有什么不一样。高立希立即拿出了他的谨慎态度,说:"担任政治上的要职,对作家来说是件比较困难的事情。但我还没有跟王蒙熟到能对这件事情发表更多评论的程度。"

他翻译过的中国当代小说里,卖得最好的是陆文夫的《美食家》。许多年过去了,这本小书在德语区还一直在加印重印。他原认为陆文夫不算是一流小说家,但在翻译过程中,却发现这部文学作品的可贵。陆文夫对中国近代动荡历史的处理,经久不衰地打动着西方读者。

在不来梅的早春时节,我和高立希真的就把整整一个下午聊过去了。最后他说,其实他很后悔自己当初选择翻译这个专业,他指的是口译。因为他一直在说别人的话。他真正爱的是笔译，尤其享受翻译中国当代小说。鉴于非党员的身份，他不能为国家头号人物昂纳克做翻译，除此之外，他为许多前东德国家领导人做过口译。甚至，前东德派往中国的最后一个国家代表团也是由他陪同和翻译的。高立希还清清楚楚记得，那个代表团的团长是前东德全国总工会副主席。两周之后，代表团返程，这位副主席在柏林机场被当即宣布免职，因为他们出发前的那个国家已经从地球上消失了。

一个"老东"的出走与回归

跟自己打个照面

那是 2008 年前后的事。和索罗斯共事 6 年之后，安德烈·威尔根斯陷入极大的矛盾中。

一方面他十分清楚，自己正在做着此生中最棒的工作：他领导着金融大鳄兼慈善家索罗斯设立在比利时的开放社会研究所。索罗斯深信奥地利哲学家卡尔·波普尔的思想理论，开放社会是一个快速实现理想的地方。这里经费充足，没有官僚作风，创意和执行力得到最高赞赏。安德烈与他一拍即合。他在这里的施展空间很大，工作之余还被邀请参加索罗斯的婚礼、生日派对等各种私人活动。

另一方面，在布鲁塞尔住了 13 年以后，安德烈不能忍受这个地方了。他从来没有爱过布鲁塞尔，认为这是一个没有灵魂的城市。当然，布鲁塞尔也是一个国际化的、生活方便的城市。但是每次去柏林或伦敦出差，他都不愿意再回到布鲁塞尔。他最大的噩梦就是有朝一日在布鲁塞尔退休。也许他正在经历中年人特有的慌张。

欧洲的未来是开放社会重要的研究课题。然而，这个让他觉得很爽也很有价值的经历，却导致他决定放弃这一工作——正是索罗斯帮助他破除了多年来对柏林的心理障碍。2009 年秋天，在离开德国 19 年之后，安德烈终于决定和全家搬回自己的老家柏林。这一年他 46 岁。

2009 年 11 月 9 日，像所有的柏林人一样，他和家人挤在勃兰登堡门前庆祝东西德统一 20 周年。烟花燃放的时候，刚来德国两个月、还只会说英语的 12 岁的儿子问他："爸爸，柏林墙倒的时候，你是东柏林人还是西柏林人？"

安德烈一时语塞。这是一个再容易回答不过的问题——他是东德人。但是，儿子怎么居然不知道呢？他这才意识到，这么多年来虽然没有刻意隐瞒，但东德却从来不是他们家庭里的话题。他的太太是英国人，两口子多年来都作为异乡人在其他国家工作。这也许是一个解释，但又不是一个说得过去的解释。他发现儿子的问题击中了他，让他这个一直往前赶的人突然停下脚步，转过身来，跟那个在东德长大成人的自己打个照面。他没有反思过这个东德安德烈已经很多年了。

我第一次跟安德烈说话，就听出了他的柏林口音。而他告诉我，离开几乎 20 年重返柏林后，只需 3 分钟，他就能搞定对面的人是原东德的还是原西德的。是靠什么神器来判断呢？
我问。安德烈笑了：口音，用词，还有谈到一件事情产生的
联想，然后就是一些无法用语言来描述但是彼此都能感受到
的微妙的东西。总的来说，西德长大的人在社交时比较正式，
而东德人在待人接物上比较随意。他的英国太太就更喜欢东
德人的范儿。

但这是英国人的趣味。作为历史的局外人，英国人可以轻
松地打量这两种在不同体制下被塑造成形的德国人。而当东
德人和西德人相遇时，即使在两德统一了四分之一世纪之时，
还是有不少人对自己的前东德身份底气不足。那一段社会化
烙印，好像是一个先天的生理缺陷，最好能不提起就不提起。

东德人最向往的其实是旅行自由

作为一个在欧盟和联合国工作过的高级官员，安德烈至
今对东西德统一持有批评的历史态度。他的这个表态，在我
们谈话刚开始的时候把我吓了一大跳。

遥想当年，像世界上绝大多数非德国人一样，我们每个
人都伸长脖子，从自己生活的地方远眺这个发生在欧洲的惊
天动地的事件，心情万分激动。我们为两德统一叫好，兴奋
得就像是在替德国人见证他们塑造历史的伟大时刻。我想尤
其是我们中国人，从秦始皇开始，一直就有浓重的统一情结。

现在，居然有一个出生于前东德的知识分子告诉我，统一不见得是件好事。

在血脉偾张的青春期，安德烈非常向往西方。他和他的朋友们无比迷恋西方的流行文化，或者说所有来自西方的东西都是好的。时尚、音乐、电影……东德人当时能看到好莱坞喜剧片，或对资本主义持批评态度的西方影片，甚至可以半秘密地看西德电视和收听西德广播。此外，几乎每个东德人都有西德亲戚。当时东德政府急需西方货币，于是在一些地区特设了西德物品商店。从西德亲戚得到 100 西德马克，就能去 Intershop 买东西。尤其到了 20 世纪 80 年代，穿西方时尚的牛仔裤已经没有人管。所以，安德烈这一代年轻人从 70 年代末到 80 年代都一身牛仔一头长发，在外形上、流行文化趣味上已经为社会转型做好了准备。

安德烈日后在欧盟工作时，被问得最多的是："柏林墙倒的时候你在做什么？"其实，当年没有任何人相信一场不流血的革命会成功。革命好像总是戴着暴力的手套。但是，在东德生活的人们当时都感到，迟早会发生什么事情，大家都在期待一个终结，只是不知道终结以何种形式到来。

在新年派对上，安德烈和朋友们听着英国二人摇滚组合韵律操乐队（Eurythmics）的《1984 里的老大哥》，跳着劲舞，跨入 1989 年。

"墙倒之前，东德人最向往的其实是旅行自由。"他这句轻描淡写的话，又震动了一下我对东德人民的远距离想象。可奇怪的是，他这么一说，我又马上能够理解：西德的亲戚可以走遍世界，东德人却只能在社会主义东欧转转，在这种反差下，就算民主的政治觉悟再高，外面世界的诱惑还是更实在啊。

体制的改变是有一个时间差的。没有时间差的是，国门开放，人们终于可以想去哪儿去哪儿了。连续几个月，安德烈们天天参加各种集会、游行、讨论会，不到凌晨决不罢休。一个曙光将现的拂晓，大家对东德的前途讨论得昏天黑地，已经没有了方向感。有人提议，我们为什么不现在就出发，去阿姆斯特丹看看？没有人问为什么恰恰是阿姆斯特丹，没有人问为什么是今天，大家一齐叫好，立即从柏林开车上路，还在中午时分就闯进了这个从前只是一个陌生地名的荷兰城市。这是一种多么辽阔的自由感！

这种狂热状态，从1989年11月一直延续到第二年3月，东德迎来了第一次自由选举。东德往何处去？是并入西德还是自我改良？这个困扰所有人的问题，以选举结果呈现出答案。安德烈大失所望地看到，东德的基督教民主党获胜。在前东德时期基民党只是个小党，柏林墙倒后，他们毫不犹豫地与西德的基民党联合，更准确地说，是被吸收进西德的基民党里，完全实施西德基民党（就是当时科尔领导的执政党）的纲领主张。

安德烈心目中的政治理想是第三条路，即在社会主义和资本主义之间的一条中间道路。对他来说，社会公平、人人平等是一个社会重要的价值观。他的政治选择，深受东德末期产生的公民运动"新论坛"（Das Neue Forum）的影响。新论坛的宗旨是改良东德社会体制，但目标不是把东德变成像西德那样的资本主义体制形态。柏林墙倒之后，新论坛因为不赞成两德统一而渐渐失去影响力，其中一部分人经过党派融合，成为今天的德国绿党联盟，另一小部分人仍然以一个小党派的形式在东德地区继续存在。德国前总统高克就是当年新论坛的代表人物之一。

安德烈反对东德在转型期间全盘照搬西德的资本主义。他用冷静客观的语调，向我讲述那个灼热的历史关头：

"东德的基民党向东德民众打出口号：如果你们选我们，我们立即就实施东西德合并、货币统一，你们就能立刻拿到西德马克！经历了40年的物质匮乏后，货币在这个历史转折点成为一个关键的政治筹码。东德马克早不值什么钱，人们虽然买得起日常用品，但要买汽车就很困难。东德的绝大部分民众在当时几乎不考虑更多因素，他们觉得一切都无所谓，我们反正要西德马克！科尔征服了东德人的心，他知道那些从出生起就要登记买车、买一把香蕉要排两个小时队的东德人此时疯狂地想要什么。而竞选对手——社会民主党和它当时的领袖奥斯卡·拉方丹，却用理性的声音告诫民众：我们不能操之过急，不能义无反顾地让西德全面接管东德，否则东德的工业会大面积瘫痪倒闭，失业将变得不可控，过快的货币统一也将不利于东德……在这个狂热的时刻，没人要听他的话。虽然几年后，他微弱的警告一一变成了统一后东德地区的现实。"

科尔的高明之处，就是他能准确地理解人心。科尔是历史学家，他说，我们站在一个历史关头。政治家这时要做的工作就是要向民众许愿，哪怕不是所有的承诺日后都能兑现。拉方丹则像一个技术员，他对民众实话实说：我们需要时间，我们需要再等20年。可谁要听这个呢？尤其是那些40岁的人，一听还要等20年，这辈子不就过去了吗？人们当时的情绪是，恨不得明天就拿到西德马克，买德国大众汽车去！

"所以你认为，当年东德其实有另一种选择的可能性——如果东德人民是理性的话？"我问。

"是的，"安德烈的态度明澈得一竿子插到底，"如果东德在那个历史关头能够赢得三五年自我改良的时机，之后再水到渠成地与西德融合，损失与阵痛很可能会比现在小得多。"

两个德国还是一个德国

安德烈算是面对两德问题的第二代人。柏林墙倒的那年他26岁。他的父母都在海关工作，属于当时东德人当中的大多数，即政府的顺从者。安德烈是通过学校同学的影响走向叛逆。到了青春期，和父母的争吵变成家常便饭。但是，安德烈现在回忆说，他的父亲并不是盲目地为东德政权辩护，他向儿子解释，政府的一些做法虽然可圈可点，但是目的在于保护社会主义制度。把社会主义理想与一个政党对理想的实践区分来看，这是与父亲辩论留下的印痕。

最近我读到东德的第三代人，即在 1974 年和 1982 年之间出生、柏林墙倒之前在东德度过童年的人们，开始反思。一位女博士写道："我时常带着极大的敬意思考，一个已经有了职业和家庭的人，生活正在平稳地进行当中，突然天崩地裂，一切都改变了，他的感受会怎样？他是怎样过来的？"

在个人生活史上，安德烈是幸运的。他选择了出走。

当时在波茨坦大学读国际政治关系的安德烈已经知道，自己当外交官无望，也没有读博士的可能。

但是，柏林墙的倒塌改变了一切：1990 年 6 月，波茨坦大学向他提供了读博士学位的机会。他的论文题目是："欧盟需要一部共同宪法吗？"写一篇关于欧盟的论文，不去看看欧盟怎么行。1991 年，安德烈找到了一个在欧盟实习的机会。他成了朋友们当中第一个离开东柏林的人。

新的空气，新的人生。到达布鲁塞尔的第一天，他在欧盟机关里好奇地转悠，认识了一个英国姑娘，也就是他今天的妻子。好运从此没有离开过他。实习将结束时，领导问他，要不要做一个关于东德如何融入欧洲社会形态的项目。他难以拒绝这样一个有吸引力的题目，好像是为他量身定做的。的确，1991年的布鲁塞尔，除了他，无人了解东德是怎么回事。为此，他放弃回柏林继续读博士，在西欧一留就是19年。一切比他做过的梦还梦幻，住在布鲁塞尔，为欧盟工作，同事和朋友都是来自世界各地的有意思的人，非常国际化。

在东德时他属于非主流，到了布鲁塞尔仍然另类。同事们不是哈佛毕业，就是牛津剑桥，人人穿着高档笔挺的西装，带着上流社会的优越感。他则穿着他那身从东柏林带来的西服，要料没料，要款没款，英语又那么蹩脚和奇怪。但年轻气盛的好处就是，不自卑不慌张。同事们很快喜欢上了这个来自其实不到800公里之外，却像来自另一个星球的东柏林人。

东西德统一的过程中，诞生了"老东"（Ossi）和"老西"（Wessi）这一对给人打记号的标志语，既带着玩笑意味又有那么点贬义；言下之意，彼此陌生化了几十年的东西德人，谁看谁都不怎么顺眼。在布鲁塞尔，没人给他打上"老东"的标签，他成了人们眼里一个有艺术气质的东柏林青年。在一个崭新的环境里，他想做一个没有过去的人，一切都从头开始。他幸运地避免了东德老乡们在转型社会里撕心裂肺的挣扎。

在这个国际环境里，他深感在波茨坦读的大学不是真正意义上的大学，那不过是中学的延续，背下书中内容，去考试而已。1992年他得到一笔奖学金，去世界知名的伦敦政治经济学院（LSE）攻读欧洲政治经济研究。在伦敦，他面临的最大困难是不知如何表达独立见解，也不会公开演讲。这本是东德教育体系里不存在也不需要的多余能力。安德烈体会到，西方社会的思想自由不是一句高尚的口号，而是一种严格训练：能够形成独立的个人观点，这才是思想自由的前提。

在脱胎换骨的同时，也有顽固不化的东西。安德烈几乎有些不安地告诉我，一直到今天，他对说出"我"这个字都有心理障碍。哪怕是他独自一人的创意和成就，他脱口而出的仍然是"我们"。这是社会主义集体主义精神在抗议资本主义的个人主义倾向。我们都哈哈大笑了，又彼此心领神会。受过集体主义教育、曾立志为全人类幸福而奋斗的我们，手持"个人主义"这张资本主义社会的入场券时，还是免不了忐忑和害羞的。

他在东德完成的硕士论文，是在波茨坦的一台打字机上敲完的，而在伦敦政治经济学院完成的硕士论文，是用一台洁白的苹果电脑写的。我们进入信息社会了。

他还是那个东德人吗？随着岁月流逝，他的东德身份慢慢褪色，退避到模糊的背景中去。我们共同的朋友谈及安德烈时说："他既不是一个东德人，也不是一个西德人。他是一个精神完全自由的人。"我觉得安德烈的确修炼到了这个火候。

享受着远走高飞、看起来"一身轻"的安德烈，似乎是对那个东德安德烈的一个委婉的拒绝，同时，也把他的故乡柏林一并拒绝了。

思乡病的发作，始于 2007 年。2006 年，柏林成功举办了足球世界杯。游离于德国之外的安德烈，开始听见越来越多赞美德国的声音。好像这种来自世界的肯定，能帮他一定程度地撇清做一个德国人，更准确地说，做一个东德人的不快感。就连他的当律师的英国太太，在一次陪他回乡省亲时，都被柏林打动了。"柏林变得挺世界性的了。"太太说，他也跟着笑了。

在彻底搬回柏林前，他如愿以偿地当上了外交官，实现了自己青年时期的职业目标。2008 年，他去日内瓦联合国总部走马上任，负责联合国难民营项目。但那里的速度太慢了，他在开放社会一个月就能做完的项目，联合国需要一年。难道我们要为优厚的退休金活着吗？上任 9 个月后，他放下了日内瓦的金饭碗，返回故乡。

让他始料不及的是，前东德身份也跟着他的肉身回来了，好像暴露在光天化日之下的一块胎记；好像 19 年的离开，在德国这个地方不起什么作用。这里，"东西德"仍然是一个顽固坚守的话题，既矗立在日常生活中，也盘踞在社会政治里。返乡的 5 年间，安德烈在自己的故乡多少体会到一种异域者的失落感。利用他的国际资源与经验，他为他工作的基金会带来一系列关键性的转型，比如成立了一个立足欧洲的中国智库。

他上任后两周，就飞往中国参加大连达沃斯会议。这是他第一次到中国。在那里他强烈地感受到，中国对欧洲的理解，远远超出欧洲对中国的理解。这个认识落差将成为一切合作的障碍。于是，他雷厉风行地介绍他的基金会与美国一家著名机构接触，借鉴美国的成功经验，在柏林成立了首家中国研究智库。但是十分具有讽刺意味的是，无论他做什么，一些高层人士从他身上看到的，不是别的，只是一个"老东"。

谈到这里，他不想再多说，而是摇摇头，笑着玩了一个外交辞令："这是一个很有意思的现象。"我追问："东西德之间的偏见和互判，你觉得还会持续多久？"安德烈说，他面对的现实，在他如今17岁的儿子那里已经属于历史了。因此他相信一个"生物性"的解决方案。事实上，年青一代的德国人基本上已经在"一个德国"里成长。

大数据能预测柏林墙倒吗？

我很好奇，那个非常厉害的史塔西（Stasi）——臭名昭著的东德国家安全部，有没有监视过安德烈？安德烈说他不知道，因为至今为止，他还没有顾得上申请读自己的史塔西档案，即东德国家安全部对他的秘密监控记录。

回忆起东德当年，他说每一个东德人都心知肚明，史塔西近在我们身边，这连公开的秘密都谈不上。但是，直到柏林墙倒之后，大家才发现自己原来是多么天真！史塔西对每个公民的监视密度、深度和广度，完全超乎人们的想象力。如果当时就了解史塔西监控的力度，东德人很可能连在自己家里都不敢发表批评意见了。多年后，安德烈在想，美国国家安全局（NSA）是不是从史塔西那里偷学到了不少东西。

安德烈最近比较火。《赫芬顿邮报》的总编辑读到安德烈的一篇博客，警告数字化对人类的异化，建议他就此写一本书。目前，这本书《大数据能预测柏林墙倒吗》在德国社会引起一阵热议。《明镜周刊》的评语是，安德烈挑起的这个话题在今后几年将向我们频频袭来。

柏林是一个文化活动过剩的地方。因此大家都比较谦卑，一场活动能有 40 人参加就不错了。安德烈的新书发布那天，我打算好了去做那四十分之一。到场后才发现，100 多把座椅全坐满了，而且能站的地方也挤满了人。主持人一定是他哥们儿，介绍了安德烈一大串闪光头衔后，亲切地加了一句：他也是一位"老东"。全场包括安德烈都笑了。

安德烈首先告诉大家，他这个"老东"恰恰是在 1984 年读到了奥威尔的《1984》。这是一个很悚然的阅读体验。一个朋友把书借给他，警告说，这是一本大禁书，赶快读，跟谁也别说。可读完后的第一感觉却是超级可怕。他的第一反应是"过度丑化"——人类社会怎么可能可怕到那种程度呢？！随后几天，这本让他反感的书就是不放过他。度过了第一惊吓期，他渐渐承认，奥威尔构思出来的世界，与他自己每天生活于其中的现实世界那么相似，他实实在在地活在 1984 里。

2013 年夏天，当斯诺登向世界揭露 NSA 大规模的监控丑闻时，安德烈不得不想到他青年时代读《1984》的强烈感受。

而在斯诺登事件的前几年，2007 年，德国电影《窃听风暴》获得奥斯卡最佳外语片大奖。2006 年电影上映时，安德烈正在美国工作，美国同事和朋友不断地问他，电影里讲的故事是否真实地再现了东德当年的社会状况，而他又是怎样在这样一个到处受监控的国家里生活和生存下来的。

被这些提问团团围绕的安德烈不由得想，美国人对国家机器监控公民个体这件事表现得多么惊愕，他们简直把这件事当作天大的话题！但归根结底这也不是美国人自己的事啊。

仔细分析了斯诺登揭露的 NSA 监控丑闻后，安德烈发现，他的东德经验其实安抚不了他。原来他一直把"老大哥在看着你"症状限定在一个极权社会形态之中，而斯诺登起底的丑闻，让他大梦初醒，原来"老大哥"也来到了民主社会。那个早已结束的时代和体制，又浮出水面，而且以更强大、更绝对的力量控制我们的社会和生活。

在新书发布会结束前，安德烈向我们这些迷恋大数据创造奇迹的人提出了一个问题：大数据能预测柏林墙倒吗？他认为不能。

我从来没有被一个德国人狂轰滥炸过这么多社会主义理论的词汇。这些词就连我们中国人都不这么使劲用了。我们那儿流行的是网络段子语录。我要安德烈承认，仅仅从他的用词来看，前东德的影响于他还是很深刻的。当年肯定刻苦读过马克思的《资本论》吧？他狡辩道，他那本书可是在布鲁塞尔就写完了，那时他还没有开始认真反思自己的前东德那一段呢。

我不禁想，安德烈走了那么远，但他在内心深处，是否从来没有离开过东柏林？柏林墙倒塌是不是给他建立了一座他自己都没有察觉的精神家园？他对平等的理解，对边缘人群的关注，对被监视被监控的高度敏感，对采取社会行动的诉求，是不是都是柏林墙倒塌种植到他的精神基因里的东西？

安德烈建议我去读他在 2014 年 11 月 9 日写的博客。这天，柏林市用灯光装置向全世界再现了当年的柏林墙，各国媒体都密集地报道了墙倒 25 周年庆典。

25 年前，1989 年 11 月 9 日这个初冬的上午，26 岁的我无论想象力多么发达，也不会想到下面的事情会成真：

那个我从出生一直到长到 26 岁的国家不复存在了。它被它的前敌人吞并了。

我跟一个英国女人结婚生子。我们的两个孩子的母语是英文。我们在自己家里使用的语言是英文和德文。有时，我觉得用英文写作甚至更轻松。

我的生活中使用过七种货币：东德马克，德国马克，比利时法郎，英镑，意大利里拉，欧元，瑞士法郎。

1989 年 11 月 9 日以后，我知道没有什么事情是不可能的。过往的 25 年没有让我失望。

采访快结束的时候，安德烈告诉我，他已经向这家他服务了 5 年的德国基金会提出辞呈。他的任期还有两天。我居然一点也不吃惊，但还是问了一个实际的问题：文章中怎么描写你的社会身份呢？他想了很久，好像已经忘了我这个提问者的存在。我提示他：广播电视里称你是政治学家、欧洲学家……这时，他用他从来不激烈的语气说：我认为，我是一个改变世界的人。

再唱《欢乐颂》

我大学毕业的那年夏天，在一个辽阔的露天场地，我和同学们为国家及个人前途争论了整整一个通宵。黎明前，大家还是茫然无解，在石板地上东倒西歪睡了过去。是贝多芬的《欢乐颂》把我们唤醒，从大喇叭里轰鸣出来："欢乐女神，圣洁美丽，灿烂光芒照大地！"贝多芬第九交响曲里的激昂合唱像一束强光，穿透只有清晨才有的新鲜空气，照亮了我们疲倦的眼睛。就在那一刻，我们真的看见了未来。

毕业后不久，我受聘到德国北部的一所大学工作，上班没几周就放暑假了。我还没学德语，也没有朋友，假期格外漫长。我坐火车去了波恩，想认识一下当时的德国首都。结果，波恩让我很失望，直到我走进一座叫贝多芬博物馆的房子。

里面是一个老式陈列展，大量的德语文字说明我都看不懂，只知道贝多芬1770年出生在这栋老屋里，这足够让我觉得离他很近。展品中有两样东西很特别。一个是他的死亡面具。贝多芬在1827年3月26日下午病逝，第二天上午，一位年

爱生活如爱啤酒 **B**

轻的画家被请来，从死者脸上拓下了这副石膏模子。世界上恐怕再也没有另一样东西，能比这块石膏更真实地把肉身的贝多芬还原给我们了。另一个物件是他的助听器，猛一看还以为是号角或厨房里的大漏勺，据说并不怎么管用，但有种大家伙的虚张声势感。身为作曲家，却听不见自己创作的音乐，还要在优雅的维也纳上流社会举着这个东西社交，他不是苦命人谁是？

"一个不幸的人，贫穷，残疾，孤独，由痛苦造成的人，世界不给他欢乐，他却创作了欢乐来给予世界！"这是罗曼·罗兰在《贝多芬传》里写的名言，被我工工整整抄在周记本里，语文老师用红笔在边上给判了个"优"。罗曼·罗兰给贝多芬做的这个"英雄人设"，不仅影响过少年的我，而且还在持续影响世界上很多人。最近我看了一部纪录片，里面搜集了世界各地受贝多芬影响的当代人。有风华已逝的日本单身妇女，用舞蹈对抗毒品的拉美青年，在国际钢琴比赛获奖的印度神童，他们都感谢贝多芬带给他们的人生激励，都说，贝多芬在世时也像自己一样贫穷、孤独和受苦，自己有什么理由不奋发呢？

2020 年是贝多芬诞生 250 周年，德国政府准备了一大笔基金，支持全世界共同纪念这位德国音乐天才。不幸的是，"新冠"疫情比贝多芬早一步登场席卷全球，所有纪念活动只好搁浅。但有不少关于贝多芬的新研究成果出炉，多少带些解构的倾向。比如，人们发现贝多芬生前并不贫穷，属于那个时代收入最高的艺术家，且格外擅长跟资助人及出版商锱铢必争。他也不孤独，因为少年成名，从波恩到维也纳，他一直备受崇拜。他和女人的关系很复杂，一生没停止过恋爱，只是他想迎娶的女人都没嫁他，但他也绝不是传说中的童男子。甚至他的听力到最后也没有百分之百丧失，应该还剩一点听觉残留。

这些解构性的研究有的显得絮叨，但我觉得还是很有必要，尽管我少年时的英雄崇拜也跟着蒙受些损失。把贝多芬归位到一个和你我差不多的有弱点有陋习的人，这有什么不好？相反，神化一个人的危险系数实在太大了，特别是在政治宣传的攻势下。第三帝国时期，戈培尔把贝多芬包装成德意志巨人和命运的主宰者，把"贝九"策划成生日礼物，1942年由柏林爱乐乐团呈献给希特勒。现任德国总统施泰因迈尔最近说："我们需要贝多芬，但记住不能滥用他。"

贝多芬的英雄人设消解后，谁还给那些逆境中的人送去鞭策和安慰？别担心，这不正是贝多芬的音乐200多年来一直在做的事吗？虽然贝多芬的研究者们至今也没查出"爱丽丝"是谁，但不妨碍《致爱丽丝》被公认为最纯洁的爱情告白。电影《国王的演讲》里，正是在"贝七"的陪伴下，乔治六世才得以战胜口吃，念完鼓舞全英士气的抗敌演讲。美籍爱沙尼亚裔指挥家帕沃·贾维说，贝多芬真正的天才所在是他音乐中直截了当的真挚，正因此，他一天也不会过时。倾听贝多芬，我们丝毫不会觉得，他居然早我们两个世纪来到这个世界。他的月光和悲怆，田园与命运，更不用说"贝九"，还有晚期的弦乐四重奏，无不像是对人类此时此刻境况做出的叙事和反思。

我们正身处一个谎言、仇恨和假象汹涌泛滥的洪水期，一个世界秩序被分裂的价值观敲成碎片的时代。贾维本打算在 12 月 16 日贝多芬生日这天在东京指挥"贝九"，给世界发出一个团结和光明的信号。疫情肯定不允许他这么做了。我在家放了一遍"贝九"的 CD，听他毫不吝惜地跟自己较劲，跟一切不善不公不自由抗争，这是一个谁都解构不了的贝多芬。第四乐章开始后，曙光在天边酝酿。在《欢乐颂》被唱出来之前，我突然心跳加速，好像回到了 30 年前北京的那个清晨。

像朗读诗歌一样朗读宪法

德语很难学。在德国边工作边学了两年德语后，有人建议我整本读德文小说。我从言情小说开始——那是给家庭妇女的读物，句子短，词汇少，情感逻辑清晰。接着我读了张戎的《鸿》，英译德，张戎的英文本来就简单，译成德文也不难，内容还是中国的事。到了 1995 年，全德国都在读一部新出版的小说《朗读者》，作者是柏林洪堡大学的法学教授兼北威州宪法法院的法官本哈德·施林克。到今天，《朗读者》被译成 50 多个语种，成了真正意义上的世界文学。好莱坞还拍成电影，女主角的扮演者凯特·温斯莱特就是《泰坦尼克号》里的那个美少女，靠出演《朗读者》拿到了奥斯卡金像奖。

回到 25 年前，我买了本《朗读者》提升德文，结果不仅读懂了，还刻骨铭心。这本书成了我对德国文学的初恋。施林克 1944 年生，是战后第一代德国人。他把主题毫无悬念地放在对纳粹和人性的反思上，但又和所有先于他和晚于他的反思作品不同。故事中，15 岁的高中生米夏爱上了大自己 21

　　　　　　　　　　爱生活如爱啤酒 | *B*

岁的汽车售票员汉娜。每次做爱前，两人要先履行一个仪式：米夏给汉娜朗读世界文学名著。多年后，上法律系的米夏去旁听一个庭审，发现受审的竟是分手已久的汉娜。"二战"中，汉娜是纳粹集中营的女看守。一次教堂失火，里面关押着几百名犹太人。汉娜怕局面失控，完不成看守任务，没有开锁放人，数百人被活活烧死。

米夏被两种刺痛感控制了：汉娜除了对他隐瞒过去的罪恶，是不是也欺骗了他的感情？她在集中营里曾要求过犹太女孩给她朗读，他对她到底算什么？一名朗读者而已？法庭上，汉娜一旦承认自己是文盲，就可获得大幅度减刑，但不识字是她不能示人的耻辱，米夏是否应该背着她去法官面前为她呈情？

最近，已经 76 岁的施林克在德国媒体上频频亮相。我当然不会错过我的德文初恋，跟踪下来，我给他这次大热总结了两点原因：一、他出了新书《告别的颜色》，9 个短篇讲了9 种不同的告别，以及青春、爱情、梦想……看完后无异于读下一部长篇，很神奇；二、他的现任女友是美国人，所以他多数时间住在纽约，德国媒体急需这位大知识分子对复杂的美国局势做出评论。我发现，他批起美国来跟批德国一样不留情面，只是多了些类似失恋的告别感。

谁没有爱过美国呢？特别是德国战后重建，美国曾施与很多援助。可是，今天的美国失掉了它的慷慨大度，它的政治里充满了意识形态和狭隘粗鄙，施林克说。2016年那次大选，他陪着积极参政的女友去宾夕法尼亚的雷丁市，在那里为民主党的希拉里拉选票。雷丁是个衰败贫困的工业城市，很多在纽约和新泽西谋生不下去的人会搬到雷丁来。从社会福利国家德国搬到美国，施林克几乎不敢相信，美国中产阶级的生存危机感如此现实。丢掉工作，意味着一个原本体面的人就要搬到汽车里或桥洞下过夜。社会上升的空间在压缩，下沉的深渊却不见底，这是热爱并敬仰美国的德国人很难想象的。

在雷丁挨家挨户地走，这个经验至今让他难受；美国社会的分裂，从一扇扇被敲开的门里暴露出来。他开始怀疑自己20世纪70年代在斯坦福做研究时获得的美国印象是错的，那时的美国不过是被越战拖疲了，一时变得温和平顺。他甚至不再相信自己在20世纪五六十年代通过看电影对这个国家产生的好感，原来种族问题一直在分裂着美国，只是那些电影从不讨论罢了。特别是特朗普执政后，施林克发现，即使在纽约这种思想精英的高地，也很难找到可以就不同观点进行和平讨论的场所了。

他愿意回想另一次搬家的经历。1989年柏林墙一倒，他就从波恩搬到东柏林，在洪堡大学任教，同时参与了草拟东德新宪法的圆桌委员会。从墙倒直到1990年春，四个月之久，东西德都沉浸在爱情的春天里，到处洋溢着共创新世界的乐观精神。就像在真的爱情生活中那样，施林克认为，最理想的做法，既不是我搬进你家，也不是你搬到我家，而是两人一起搬进一个新的家，从头再来。东德需要尽快出台一部自己的新宪法，施林克甚至和东德同事们畅想，等新宪法写好了，他们可以去书店和咖啡馆给人们一段段朗读，就像朗读诗歌那样，让东德人听懂这部属于他们自己的宪法。

可惜，他们错误地估计了东德的民意。施林克回忆，当时的东德人一心只想搬进西德这个家。时任西德总理科尔也施了压，呼吁别错过两德统一的窗口期。今天回头看，两德统一其实是东德在巨大的匆忙中加入了西德，为此付出的代价惨重。本来，历史还备有另一种更平等的可能性。

我胡思乱想一番——也许因为施林克没能实现朗读宪法的梦想，5年后，他变成了小说《朗读者》的作者。

康定斯基的彩色人生

最近，我喜欢的一幅画惹出了官司。这幅油画叫《彩色人生》，是瓦西里·康定斯基在1907年画的。那时他40岁出头，已经在慕尼黑做了10来年艺术。我在慕尼黑美术馆第一次看到这张画的时候，被它饱和的俄罗斯风情吸引，一读画家的名字吃了一惊，没想到，抽象主义创始人曾经如此印象派过。以后每次去慕尼黑，我都要到康定斯基的这幅早期作品面前点个卯。听艺术史家们说，康定斯基在俄罗斯写法学博士论文的时候，曾去乌拉尔搞民俗调查，路上得了伤寒，高烧引起的妄想让他做出了放弃法律追求艺术的决定。《彩色人生》就是他对这次民俗之旅的艺术回味。艺术史家还说，没看过这幅画，就不可能真正进入康定斯基的抽象主义。

看了这画，我也不敢保证自己进入过他的抽象主义。但我喜欢《彩色人生》，那些穿着俄罗斯民族服装的人物——绿胡子老头、吹笛子的胖姑娘、正要接吻的新郎新娘——全都融化在欢声笑语里；可只要你再靠近一步，画面上的具象就消失了，眼前只剩一片模糊的斑斓。可能生活本身也是这样一种状态吧。

在荷兰开缝纫机厂的犹太人伊曼纽尔·卢恩斯坦爱好艺术品收藏，当年，他买下了这幅画和康定斯基作于1909年的《带房子的画》。现在，卢恩斯坦的后人控告美术馆展出"被纳粹掠夺的艺术品"，要求为每幅作品支付至少6000万欧元的补偿金。慕尼黑美术馆不同意，馆藏《带房子的画》的阿姆斯特丹美术馆也不服，官司正在进行中。

"被纳粹掠夺的艺术品"这个标签极易在国际社会触发道德神经。问题是，怎样界定一个作品是否属于纳粹掠夺品？

有时很简单。前不久，德国专家破解了希特勒的艺术品采买官汉斯·波瑟的五本日记。波瑟被希特勒委以重任前，已经当了30年德累斯顿美术馆馆长，在国际艺术品市场人脉极广。从1939年起，他为希特勒世界领袖梦里的艺术梦服务。希特勒下令在自己的奥地利老家林兹打造一座"领袖博物馆"，里面收藏和展览人类最伟大的艺术作品。搜罗这些艺术品就成了波瑟的特殊使命。他奔赴世界各个顶级美术馆，得心应手地为他的领袖采买，就好比一个孩子进了玩具店，想要哪件玩具就得到哪件。波瑟还是个一丝不苟的官僚，每笔账都翔实地记在随身携带的日记本里。只是他太忙，除了去大博物馆采购，他的另一货源是纳粹从犹太人手里掠夺、没收和低价收购来的艺术品。因此，他还要进出纳粹建立在各地的艺术品仓库，鉴定哪些作品有资格进入领袖博物馆。这就难免匆忙，以至他的日记多是站着写的，字迹潦草难辨，用的还是铅笔。

本来花钱谨慎又对数字化无感的德国官方机构，为波瑟的日记立了专款专项，请专家破解内容，请技术人员把每一页都高清数字化，之后把日记全网公开。在归还犹太人资产这个问题上，德国做得可谓不能更透明。波瑟为领袖博物馆采集了数千件艺术品，这些作品的定性就有了权威的佐证。

卢恩斯坦买下的这两幅画从未落入纳粹之手，事情反而变得扑朔迷离了。1930年卢恩斯坦去世，工厂在儿子手里继续走下坡路。到了1940年，儿子儿媳离婚，家境变得更加窘迫。有案可查的是，1940年9月5日，一位犹太画商受卢恩斯坦家人委托取走了这两张画，于10月8日和9日在阿姆斯特丹的穆勒拍卖行进行拍卖。《彩色人生》当场被另一位犹太人买走，《带房子的画》则被阿姆斯特丹美术馆时任馆长拍下，从此作为该馆馆藏至今。而《彩色人生》后来又一次易手，买下它的犹太人于1971年过世，他的太太决定卖掉这张画。1972年，《彩色人生》重新进入艺术市场，而此时的康定斯基早已不是当年那位冷门的艺术家了。慕尼黑美术馆十分珍视康定斯基在慕尼黑的长期艺术实践，争取到巴伐利亚州银行出资600万马克，买下了《彩色人生》。从1973年起到今天，康定斯基在他慕尼黑时期创作的《彩色人生》，就一直挂在慕尼黑美术馆里。

卢恩斯坦的后人为什么起诉慕尼黑和阿姆斯特丹两家美术馆呢？因为他们认定家里之所以在1940年秋出售这两幅画，纯粹是在纳粹胁迫下的不得已之举，而且成交价远低于该画在当年应有的市场价。美术馆则认为，当年的出售之举乃卢恩斯坦家庭的自愿行为，由他们家境多年持续恶化导致，与纳粹占领荷兰的大历史背景无直接关联。卢恩斯坦后人的律师搬出了一条荷兰法规，即德军于1940年5月占领中立国荷兰后发生的所有犹太人资产出售，可一律记在纳粹掠夺名下，除非提出反证。

最终裁决将由德国和荷兰的法庭分别做出。我和朋友们猜测，且不论当年的出售实情能否复盘，德国法庭面临的国际道德舆论压力都将远远大于荷兰。

汉娜·阿伦特：有温度的世纪化身

1

2020 年 9 月中旬，"新冠"疫情在德国平息下来，是第二波反扑前的安稳假象。我从汉堡坐火车到柏林，去看一个题为"汉娜·阿伦特与 20 世纪"的展览。这个展览原计划 3 月开幕，实际上 5 月才开始，10 月结束。我拖了这么久才去，是因为柏林比汉堡疯狂，一到周末就有成千上万的人不戴口罩上街游行，抗议政府的防疫措施，大家都说柏林不安全。

1933 年的柏林对汉娜·阿伦特来说也不安全，希特勒和纳粹上台了。夏末的一天，她和一位朋友坐在咖啡馆里讨论未来。朋友是犹太复国主义者，马上就要移居巴勒斯坦，他劝阿伦特同行。阿伦特正在柏林做博士后论文，同时帮助一个犹太组织搜集德国媒体上和公共场合中的反犹言论。她认为政局虽变，但还没到触及个人生活的程度，所以留了下来，没想到几天后被捕。1964 年，她在德国电视台那场著名的人物访谈节目里回忆起这次拘捕，口气像个孩子在恶作剧：审讯她的警官人不错，她自己装傻一问三不知，几天就被放了出来。但她立刻做出了出逃纳粹德国的决定，借道布拉格和日内瓦，直奔巴黎。7 年后，德军占领巴黎，她不得不再次逃亡，转道里斯本，1941 年到达欧洲难民在美国的首选落脚点纽约。

我走到德国历史博物馆门口的时候，离预约的入场时间还有 5 分钟。疫情期间看展览，必须事先网上登记，并严格按照登记时间入场，跟进考场的程序差不多。博物馆内限制参观人数，一次不得超过 65 人。中午的阳光刺眼，贝聿铭设计的新馆用它中性的水泥色托举着蓝天。旁边就是军械库，希特勒执政时，每逢英雄纪念日，他就走进中庭发表演说。阿伦特若知道，有一天她会以这种方式重返柏林，她会怎么想？

博物馆的水泥外墙也高高托起阿伦特展览的招贴画。1975 年她去世后，留下的都是黑白照片，这张招贴也是黑白的，用的是她在芝加哥大学当教授时拍的一张正面照。高光从她的脸颊右侧打过来，额头、鼻梁和夹着香烟的手指亮得发白，托着下巴的手背和眼镜框是暗的，从烟头飘出去的灰色烟气成丝成雾。捕捉不住的是她的目光，既没在看我们，也不在打量这个世界，而是待在自己思维的某一处。这是一张充满思想家个性的照片，夺目的是印在上面的一句阿伦特语录，其实很短，因为字体放得大，排成了三行——"人没有顺从的权利"。

疫情期间，德国社交媒体上还流行着阿伦特的另一句名言："可以把我隔离起来，但我不会孤独。"阿伦特不是语录家，也不是名言高手。她是一位政治理论家，一位拒绝哲学家身份的哲学家，一位风险自知仍挺身发言的公共知识分子。14岁开始读康德，18岁爱上海德格尔，一生在思考和表态、表态和思考中度过。在如此高浓度的思想聚合里，难免不产生一些激荡人心的语句。

这些年来，阿伦特变得越来越流行。紧跟世界潮流，中国的社交媒体也在追捧她，微信公号里有大把关于她的文章，配的图覆盖了她从少女到中老年的标准照，俨然是当今思想界的一号女神。阿伦特当上女神后让我很不安，她开始被社交媒体描眉画眼，根据快消品的性质被贴上标签。她的思想理论和个人经历被简化，被剥离上下文，被其他目的利用。而阿伦特视为根本的两种能力——独立的判断力和在互相尊重的前提下的辩论能力——已经在社交媒体这个生态圈里被屏蔽掉了。甚至，社交媒体或许就是一个隐形训练场，正在用它的算法和排山倒海的流量逻辑把我们变得更加顺从。

2

这个展览的两位策展人很特别。莫妮卡·博尔是哲学博士、阿伦特研究者兼策展人，拉斐尔·格罗斯是德国历史博物馆馆长本尊。二人筹备这个展览好几年了，达成的共识是——并不打算展现一个"永远正确"的阿伦特。他们保证，围绕阿伦特的各种争议都不会在这个展览画上句号。博尔认为，从今天的视角来看，在公共空间积极发言表态的阿伦特，也不是没做过误判，但她强烈吸引我们的，正是不因害怕出错而闭嘴的勇气。格罗斯从馆长的角度强调，这个展览力图重现阿伦特当年置身的辩论现场，今天的参观者受邀入场来做出自己的判断。但这二人更核心的意图，似乎是要回望刚逝去的 20 世纪，阿伦特是他们找到的一个有温度的世纪化身。

的确，谁能比阿伦特更活生生地代表 20 世纪呢？以色列思想家阿莫斯·埃隆曾说，搞不懂"极权统治"和"平庸之恶"这两个概念，就无从理解 20 世纪。而这两个概念都是由阿伦特提出的。她对 20 世纪重大主题无一例外的发声，使自己的身世和 20 世纪的历史合二为一。

阿伦特是一个没有故居的人，她在纽约住的公寓去世后就退租了，她精神上的故乡是朋友们和母语德语。因此，在阿伦特展览上看到一些她的私人物品，比如她从不离身的银质香烟盒，她当教授用的深蓝色皮书包，她出席名流晚宴穿的貂皮披肩、戴的项链，还有她给自己买的迷你相机，我的感觉有点怪，好像一下子离她很近，近到几乎进了她的家门。可同时，这些物件又摆放在冷冰冰的展厅里，不免给人一种在大庭广众之下偷窥她私生活的不安感。这是阿伦特的私人物件首次曝光，成了这个展览的一个亮点。

后来我发现，在媒体上被谈论得最多的还是她的香烟盒。我们可能找不到一个比她抽烟抽得更凶的女性公众人物了。据说，抽烟在她的年代是知识女性优雅独立的标志。1964年的德国电视访谈里，她和主持人高斯在70分钟的节目中，一共抽了不下七八根烟，而且是各抽各的，各点各的火，他们吐出来的烟雾在两人之间连成一片。今天谁还敢在镜头前这么干？阿伦特的女中音格外沙哑，但她表达出来的观点清澈透亮，毫不含糊。那个访谈太有意思了，随着各个分主题分布在阿伦特展厅各处，而网上的点击量已经超过百万。策展人博尔说，抽烟是阿伦特思想运动的组成部分，深吸进去，徐徐呼出，她就在这个微微兴奋中思考和述说。

整个展览按16个分主题排开，从极权主义到殖民主义，从艾希曼在耶路撒冷到20世纪60年代的学生运动，从反犹主义到美国的种族主义，从战后德国到女权主义……排列下来就发现，这些20世纪的重大公共议题，阿伦特的声音从来没有缺席过，只是在女权主义和殖民主义这两个问题上，我觉得策展人有些用力过猛，似乎非要把阿伦特拉进当前的语境里来。每个分主题被安排在貌似随意分割开来又像迷宫一样相连的空间里。300多件展品中，私人物品只是其中极少的几件，大量的实物是发黄的文件、书籍、信件，当然还有图片、音频和影像，合格地构成了一个当代水准的多媒体展。因为观众稀疏，展厅显得格外空旷，安静中带上某种私密性。只有到处摆放的消毒液和纸巾，提醒我们身处21世纪的疫情时代。因为我不停地拿起听筒，听阿伦特和她同时代人的录音、听演员对她某些文本的朗读，我就要不停地用消毒液搓手，用纸巾擦拭别人用过的设备。

3

看完"极权主义"主题区后，我走到下一个主题区"艾希曼在耶路撒冷"，在那里出了点问题。以前，我曾在德国电视上见过听过艾希曼受审的片段，但这次在空荡荡的展馆里，我起了一身鸡皮疙瘩。当时，我正拿起一个话筒贴到耳朵上，一个僵硬的声音音量超大地响起来。我突然意识到这是艾希曼，那个把百万犹太人发往集中营的纳粹指挥官。同时，我眼前的屏幕显示，发出这个声音的人坐在1961年的耶路撒冷法庭上，具体说，是坐在一个玻璃罩子里，其貌不扬，面无表情。听筒里继续传来他机械的声音，普通之极，只是音量超大，语气很配合，是官僚机构里下属努力对上级的那种服从语气。这个声音离我太近了，我感觉非常不适。看看前后左右，除了我，这个展厅里只有另一名参观者，是个年轻的男生，在离我五六米远的一排玻璃柜前低头看展品。等会儿，我也会走到那儿去，看1963年2月出版的《纽约客》杂志原版，那里首次刊登了阿伦特引爆世界的文章《艾希曼在耶路撒冷》。

我为什么会感到毛骨悚然？而且，我还惊讶于自己听懂了艾希曼的德语。可这有什么值得惊讶的？我本来就听得懂德语，怎么会听不懂他的呢？那个男生已经沿着展柜走了几步，离我更远了。我放下听筒，突然搞明白了自己。尽管阿伦特为我们分析了一个极度平庸、毫无自我责任意识的纳粹罪犯艾希曼，由此提出"平庸之恶"这个概念，但我的反应还是泄露出，在下意识里，我把艾希曼这个人设定成了恶魔。阿伦特特意要挑战的世人对恶的妖魔化，还是占据了我的下意识。不管我对"平庸之恶"的概念多么津津乐道，原来我还是不自觉地停步在对恶的妖魔化里。在我身上怎么会发生这种事情呢？

我能想到的解释是，可能跟看多了美国人演的"二战"电影有关，不只是好莱坞的电影。据说"二战"后，国际社会对纳粹的妖魔化现象十分普遍。除了纳粹对犹太人的大屠杀令人发指这个事实之外，对罪犯的妖魔化也成为民众下意识里的一种自我保护方式。如果罪恶是由魔鬼一样邪恶的人犯下的，这就和普通人脱离了干系，因为恶魔只是人群中的极少数，社会上绝大部分的人还是普通人。

阿伦特的非凡之处，是她的逆向思维，指出其实谁都撇不清作恶的可能。通过对艾希曼的观察，她消解了对恶进行妖魔化的集体无意识，阐述出恶具有的平庸性。但这实在不是她的本意，她自己也被自己的发现吓了一大跳。阿伦特没有经历过集中营，她第一次听说纳粹在针对犹太人进行工业化的种族灭绝是1944年在纽约。她竟然花了半年时间才敢相信，这不是谣传，而是事实。20年后，她在跟高斯的电视访谈里说，很多事情都可以言说，包括战争，包括一个民族仇恨另一个民族，等等，但纳粹对犹太人的大屠杀，终止了一切可言说的。这是人类历史根本不应该发生的事情。

因此，当她在1961年作为《纽约客》杂志的特派记者去耶路撒冷报道艾希曼庭审的时候，她是抱定了要去面对一个恶魔人物的心理准备的。可以说，在去的路上，她的想法还和众人差不多。但她毕竟是《极权主义的起源》一书的作者，在现场，她看到的是一个众人没有看出来的罪犯，一个漫不经心、既无信念也不具备反思能力、只考虑自己仕途的庸人。这个人没有亲手杀过人，也没有下令杀过人，在纳粹的极权体制中，他只是坐在办公室里执行上级的指令，甚至用超额完成任务来争取升职的空间。他从来没有过"细思极恐"：他的任务——组织一列列火车把犹太人运往集中营，是把数百万人送进坟墓。后来的分析表明，艾希曼组织运输犹太人的火车皮，实际上占用了大量德军急需的军用运输资源，从战略上看是愚蠢之至的举动，但就连这点也不在这个技术官僚的通盘考虑之列，他只考虑他自己。

阿伦特在耶路撒冷庭审现场受到的震惊，远远大于看见一个恶魔。因为艾希曼的平庸，比所有恐怖片加在一起都更加可怕。他的平庸意味着，在纳粹这种极权体制下，还有谁能保证自己不会像艾希曼那样行事？我刚读过一个最新的估算，纳粹时期，约有 20 万德国人自觉自愿地参与过对犹太人的屠杀。根据阿伦特的论述，像纳粹这种极权体制的性质，就是要摧毁一切可以自由讨论正义与非正义的公共空间，所有的观点和意见被统一成一个，除了造成全社会道德价值的坍塌，也彻底毁掉了个体的判断力，个人不再担责，只需绝对服从。恶的平庸性结合极权主义的体制，让深渊在每个人的脚下都裂开一道缝，往下看就能看到人性里作恶的潜在可能性。

在展厅看展览的妙处，就是本来从书本、网络上分散阅读的东西，此刻变成了一个场域，带着你之前没有发现过的细节、思维之处没有打通的关联，在设定的空间里流动起来，你要全感官、多维度地去碰撞同一个主题，直到开窍。本来是冰冷的实物，发黄发皱的旧纸，当你看进去了，它们就突然活过来，开始跟你说话。本来静悄悄的展厅，干净整齐，等你拿起听筒，听了看了那些内容，会突然发现自己原来站在一个硝烟弥漫的战场，你会看到阿伦特从里到外伤痕累累。

4

我继续在展厅里移动。"平庸之恶"——为什么这个给人冲击性启发的观点，至今还在争论不休？

摆在玻璃柜里的那本《纽约客》杂志，印的出版日期是1963年2月16日，标价25美分，用了72页的篇幅，刊登了《艾希曼在耶路撒冷：对平庸之恶的报告》的第一部分。不知是不是主编认为该文章格外有广告吸引力，阿伦特的稿子实际只占了46栏的篇幅，剩下的170栏打的全是广告。即使在排版上被稀释成这样，这本软塌的旧杂志当年的效应无异于一颗思想炸弹。

来自美国和以色列的犹太族群对阿伦特的报道激愤最大。展览成功地回放了当年对阿伦特群起而攻之的声讨场面。对阿伦特的斥责主要有三：一，不强调艾希曼的凶残，反而强调他的平庸，这不是为纳粹开脱罪责是什么？二，尤其让犹太社会怒不可遏的，是阿伦特在文章中批评了犹太组织在纳粹胁迫下帮助纳粹清洗犹太人。艾希曼在法庭上确认，来自犹太组织的协助——提供名单、整理财产清单、帮助抓人等等，极大地提高了他的工作效率。阿伦特把犹太人对犹太人的这种行为描写为黑暗历史中最黑暗的篇章。犹太社会视她为叛徒，身为犹太人，不去控诉纳粹的罪行，反而批评起自己人，这岂不是在为纳粹洗白？三，《艾希曼在耶路撒冷》一书使用的嘲讽口吻让人忍无可忍，对犹太人经受的苦难，难道一点同理心都没有？

这样的声讨方式和批判逻辑，恐怕在世界其他地方和其他事件中也有类似的版本。阿伦特不幸充当了一个著名案例中的主角，由此也更清晰不过地证明公共知识分子在任何时候任何地方都是高风险职业。

从其他角度提出的论争持续至今，使"平庸之恶"这个概念一直保持鲜度。比如，一种流行观点认为，阿伦特被艾希曼忽悠了，纳粹在耶路撒冷法庭上纯属做戏，扮演了一个平庸者而已。还有人拿出事实证明恶绝非平庸，那些战争的始作俑者、意识形态制造者、仇恨煽动者、纳粹的坚定信徒等，其中不乏极有思考判断力的人物。还有学者指出，阿伦特在理论上自相矛盾，她曾在极权主义研究中界定善恶都是激进的。现在，恶的平庸性被揭示出来，又如何解释激进呢？阿伦特只在这个具体问题上做出过自我纠正，她收回了"恶是激进的"这一论点，说，鉴于恶的平庸性和表面性，恶可以摧毁世界，但仍毫无深度可言；深邃而激进的，从来都是善，恶只有极端。

看完众多挚友跟她终生绝交的资料后，我发现展厅里还有几个小玻璃柜没有光顾，里面分别陈列着《艾希曼在耶路撒冷》不同语种的首版。1963年，美国顶着国际社会的巨大压力出了书，西德紧跟着在1964年出了德文版。有意思的是东德当局，用铺天盖地的媒体攻势报道了艾希曼的审判情况，意在批判西德战后对纳粹罪行的肃清乏力，但丝毫不提围绕阿伦特的争论。直到柏林墙倒后，原东德才在1990年出版了该书。更晚的是以色列，希伯来语版到2000年才问世。

策展人博尔说，20世纪的阿伦特是21世纪的一服解毒剂。有意无意间，我们难道不都在中互联网和意识形态的毒吗？馆长格罗斯认为，研究阿伦特最有意思的地方，就是无法给这个人做出任何归类，她不隶属于任何学术传统和团体机构，她的思想里既有自由派的东西也有保守派的成分，但她不属于任何派别。阿伦特在极权主义研究中平行比较纳粹主义和斯大林主义，惹恼了左派，又提出"平庸之恶"，激怒了犹太社会，还对美国中学里的种族隔离发出了理解白人家长的声音，至今让人匪夷所思。误判也好，先驱也好，她是一个把自己从任何意识形态中解放出来的人，独立，也孤独。但没有判断力，人就会变得顺从，后果是发生过的人祸还会再发生。

太阳下山了，我走出博物馆，有些不舍地把阿伦特留在里面。她跟高斯的对话还是跟着我上了柏林的地铁：

"阿伦特女士，如果您事先知道，您的艾希曼报道会引起如此激烈的批评，您会考虑换个写法吗？"

"我也许会考虑，在写与不写之间做个选择。只要写，就肯定还是现在的样子。"

听听齐泽克怎么说

德国《时代周刊》2015 年 9 月 10 日那期有一则豆腐块随笔，我很喜欢。作者从柏林一所音乐学校的招生材料谈起。知道吗，一个职业钢琴家每天练琴，要敲 25 万次琴键，这还只是个平均量！大家还打算学钢琴吗？接着作者笔锋一转，谈到写作者如果每天敲 25 万个字母，那可就是一本薄薄的小书了。而写作者一天是无论如何都敲不出这么多字的。钢琴家之所以一天能敲那么多，是因为他们经常敲错了键，或者弹的速度差了那么一点点，一支曲子通常要练习上百遍。而写作者可以引以为傲的是，敲一个字算一个字。比如报纸给他这篇短文规定的量是 2643 个字符，含空格。他一个字一个字认真地写下去，到了结尾处，突然想起来：扯了这么多，我怎么一字未提难民呢？罪过罪过。向难民致意可是德国公民当前的第一要务啊。但是很抱歉，规定字数已经敲满，实在没地儿了。

谁说德国人没有幽默感？这跟德国人以为中国人没有幽默感是同样错误的。而这个幽默笔法挑战的现实情况是，中东和非洲地区 1100 万战争和经济难民已经上路，冒死奔向欧洲各地。2015 年从 8 月到 9 月，德国流行"欢迎文化"：难民们，欢迎欢迎，热烈欢迎！默克尔突然宣布了"难民救援无上限"，这个声音借助 Facebook（脸书），传到了几乎每个难民的耳中。德国成了难民们的理想目的地。

在一个明澈的 9 月下午，我们搬了野营用的折叠桌椅，坐在易北河东岸吃蛋糕、喝咖啡，过一个标准的德式周日。除了风声鸟声，只有人禅般的静谧。前东德时期，易北河是东西德双方严防的边界。我们家的亲戚在这里本来有一栋老屋，但因为房子坐落在东德这边的边境上，每天出门和回家都成了一道手续烦琐甚至危险的事情。他们最后只好放弃了老宅，搬到离边境十几公里之外的小镇上，重新安家。在小镇边上临近森林的地方，还有东德时期留下来的兵营，多年来废弃无用。这些天，镇政府安排了 50 多位难民住进来，据说以叙利亚人为主。

易北河在 9 月末的艳阳天里流动得格外平缓。这年水位低，我们得以把桌子支在露出水面的沙滩上。虽然两德统一多年，这个距离汉堡东南 70 多公里的易北河段，好似还是一个无人区，自然风光比老庄哲学追求的境界还完美。我想，在没有互联网、电视、广播时，人们对世界的全部感受，就是对自己身边这个地方的感受。是否在另一个地区另一个国度正在发生战争、灾难，人们对此无知，因此也就坦然地无觉。可今天就不一样了。当我和我的德国家人坐在这个仙气十足的美景里，我甚至感到不好意思。与我们多日来在电视和网络里看到的难民潮以及他们带给欧洲社会的冲击相比，哪个是我们更真实的生存境地？要承认，和前媒体时代相比，我们的感受也被无所不能的媒体全球化了。我们无法再以此时此在的原理定位自己的感受。

说句有违政治正确的话：德国电视屏幕上显示的难民形象，总让我觉得他们更像一群年轻的游客。无论和默克尔玩自拍的俊男，还是背着双肩包，身着牛仔裤、紧身衬衫和球鞋徒步行走的小伙子们，甚至包裹头巾和不戴头巾的年轻女人，他们浑身散发着我们熟悉的现代气息和一种渴望生活的激情。还有那些面容娇嫩的孩子，睁着无邪的大眼睛打量着镜头。我不禁拿他们跟我们中国拥进城市打工的农民工做比较，我们中国农民的衣着要比这些难民褴褛，头发也不如人家整洁。当电视里的画外音说，这些来自叙利亚、伊拉克和非洲等地的难民经历了噩梦般的海上和陆地征途，终于到达希腊、匈牙利、奥地利、挪威、德国这些安全国度时，我又悲伤地意识到，这些人不是游客，除了身上的背包，他们身后没有了家园。

德国公知约瑟夫·尤弗说，跟 20 世纪 90 年代敌视外国人的思潮相比，今天居然有 95% 的德国人认为，做默克尔号召的、对难民伸出援助之手的"好公民"是正确的。他分析，

爱生活如爱啤酒 | C

这个"德国奇迹"的发生，恰恰跟终日被高清屏幕的画面强攻有关。电视和互联网上发布的那些难民死在卡车和海上的图像，震撼了德国人的同理心。对政府当下的难民欢迎政策持批评态度的德国前政治家蒂洛·扎拉青说，他从不看媒体发布的影像。看了难民的图像谁都不会好受。他要保持自己的独立冷静，去思考什么才是对德国的未来发展真正有利的政治决定。对媒体使用影像操纵社会情感的批评，在德国资深媒体人马林·舒尔茨那里表达得最彻底："如果不能导致可持续的政治行为的产生，那么，那些煽动大众同情心的图像就是恶意的刻奇。"影像的魔力也袭击了中国。此前我一直好奇，欧洲连续数月重磅报道的难民危机，为什么在中国媒体上没有荡起多少涟漪？而当3岁的叙利亚男孩亚兰被冲上土耳其海滩的尸体照片通过互联网传遍全球时，我正在北京，北京正在阅兵。我趴在酒店的床上看微信，看到那么多国人发出了哀鸣。那一刻我敢肯定，"二战"后欧洲最大的难民危机，终于通过一具脸朝下的小尸体照片，进入了中国人的视野。为股市抓狂的中国人现在终于愿意知道，老欧洲那边形势不妙了。德国人对这场难民危机的判断是：大于"9·11"，难于两德统一，比二者加起来都更加复杂。

奇妙的事情随之发生。通过这场难民危机，德国社会这两个月来沉浸在一场全民的道德大狂欢中，用咱们熟悉的用语可翻译成"正在掀起学雷锋、做好人好事的热潮"。有媒体称，这场集体狂欢可与 1989 年柏林墙倒和 2006 年德国世界杯引发的全民幸福感相媲美。这次是当好人的幸福感。大部分家庭都为难民捐出了不再穿的旧衣服，退休的教师焕发出久违的活力，自告奋勇教难民儿童学德语。从州到地区，官员和市民都行动起来，为难民提供人道救助。这还不够，怎样让难民最快地融入德国社会、找到工作成为要急迫解决的问题。为此，英国人还小声揶揄德国人，做好人好事的同时，也别忘了给自己解决年轻劳动力短缺的困难。德国电视主播一边赞美民众的道德水准，一边不无担心地说，不知这股热情和好心情能持续多久。因为情感性的东西总是飘忽的，而善于自我控制的德国人又不怎么习惯跟情感打交道。

作为物理学家出身的默克尔，一直被同僚赞赏为最理性的政治家，也最无惧。但最近大家都担心，毫无畏惧是不是也算一个弱点？她一句话，就点燃了千万人的希望。她真的不害怕，局面一旦失控怎么办？ 10 月 1 日的最新统计数据表明，德国在 9 月份一个月里就接收了 20 万难民，一个史无前例的数字！其中的 17 万人从与奥地利接壤的巴伐利亚州拥入。州长承认已经招架不住了。正是在默克尔国门大开的承诺下，不仅叙利亚人，现在就连伊朗和阿富汗人都在排队办护照，为奔赴德国做准备。而真正的大潮还在后面。

难民们天天在谷歌和 Facebook 上寻找他们的人生希望和最佳落脚点，注意，不是安全庇护所，而是最佳落脚点。所以，他们绝不留在土耳其，虽然在那里他们已经没有生命危险，一日三餐和医疗救助也完全能得到保障；他们也坚决反对在匈牙利或克罗地亚注册留下，因为还有德国、英国和挪威这些更佳选择。一个退休多年的德国老太太说："真没想到，今天的难民还提要求啊。"我们都以为，从死亡和饥饿中逃出来的人会对最微小的施舍表示感恩，而事实正好相反。用斯拉沃伊·齐泽克为这一现象刚刚使用的术语来说，难民们的表现是"绝对乌托邦的大爆炸"。怎么打消他们这无边无际的乌托邦念头呢？身为心理学家的齐泽克建议，要给难民们上一课，告诉他们："这世界上根本就没有挪威，更别说去挪威了。"

我想，德国全社会对难民的深切同情，跟"难民"这个词有撇不清的渊源。不少德国人自己就曾经背负过这个身份，深知其辱。我的邻居艾斐在"二战"接近尾声时还是个刚出世的婴儿，她的母亲带着她从东普鲁士逃难到汉堡，举目无亲；冷战期间，我家也有亲戚从东德逃到西德，在别人家的地下室里从头开始生活。前两天艾斐给我讲了个故事。她的10岁的外孙从学校回到家里吃午饭，嘟嘟囔囔说难民太多讨厌，艾斐严肃地用她的蓝眼睛盯着外孙的蓝眼珠，一字一顿地说："我就是难民！你姥姥曾经就是难民！"这让我想起2015年年初发生在巴黎的《查理周刊》屠杀事件，全球人都举起标语说："我是查理。"

虽然艾斐掰着手指头告诉我，她这个金发碧眼的标准德国人，身上其实还流着瑞典、波兰、爱尔兰甚至俄罗斯的血液。她也是民族大迁徙的产物。但她和现在抱着决绝之心拥入欧洲的难民还是大不一样。现在冲过来的难民中绝大部分是阿拉伯人，不仅宗教信仰、文化传统与欧洲人迥异，而且，关于人的基本价值观也是另一番图景。默克尔领导的执政党基督教民主党有一位女副主席，不久前去看望一所难民营，在这个营地工作的伊斯兰教阿訇明确拒绝同她握手。女副主席不能容忍这种情况在她的国家发生，在媒体一片欢迎难民的主流声中，喊出了一个另类声音："难民要遵守德国的基本法！"怎么这事还需要大声疾呼？难道这不是基本常识吗？我开始不明白，德国人那么害怕自己不宽容，以致都不敢维护自己的社会价值标准了吗？当德国媒体瘫软在"欢迎文化"的晕眩中，齐泽克说：我们要搞清楚一点，那种认为谁想维护自己的生活方式谁就是原教旨法西斯和种族主义的观点，最要摒弃。因为这个观点本身才是最大的虚伪。

在一次电视直播里，一位优雅的德国中年妇女问默克尔："现在有那么那么多信仰伊斯兰教的难民来到我们国家，他们会留在这里，一代一代地在这里生活下去。作为基督徒，我应该害怕吗？"默克尔回答道："如果你感到害怕，你可以更勤地上教堂。"啊，原来是这样！前面提到过的约瑟夫·尤弗所说，数百年来，德国人之所以为德国人，是以他的出生籍贯为定义的，这又由三项指标组成：出生的背景、信仰、语言。

但今天德国人对国籍有了现代意义上的理解，德国人不再是生而为德国人了，要想当德国人，就要"成为"一个德国人，在这点上与美国人、加拿大人和澳大利亚人无异，虽然德国号称自己不是一个移民国家。注意，别搞混移民和难民啊。

让我们还是回到德国人的幽默吧——至少这还是很德国的。今天早上收到一位汉堡银行家的电子邮件，开头就是一句幸灾乐祸的话："股市还是不景气。可是，我们银行家的恶名终于被汽车制造商大众接手啦！"对了，在这个多事之秋，还有沸沸扬扬的大众柴油车尾气作弊事件。但我的规定字数已经敲满，实在没地儿说它了。

治愈系的圣诞树

我喜欢的作家海因里希·伯尔写过一部德国人过圣诞节的讽刺小说，名为《圣诞节岂能只在圣诞过》。中产阶级富裕之家的女主人米拉婶婶，在"二战"中毫发无损，除了不能尽兴地过她心爱的圣诞节。战后生活恢复常态。圣诞节后，当家人把圣诞树卸下盛装、扫地出门时，米拉婶婶发出神经质的惊叫，从此叫个不停。看了不知多少医生，无人能治她的癔症。最后还是她的老公佛兰茨叔叔想出了一个"圣诞树疗法"，将米拉婶婶疗愈。方法很简单，规模很隆重：每天晚上6点半开始，家里都过圣诞节，不分春夏秋冬。亲人们一起唱圣诞歌、点圣诞树，互赠圣诞礼物，欢聚一堂，亲密和谐。两年之后，米拉婶婶神清气爽，体格强壮，但她的家人因为受不了持续的圣诞节，出轨的出轨，去国的去国，出家的出家，还有从天主教改信共产主义的。

有位朋友打来电话说，他们家今年将40年来首次不摆圣诞树。这是多大点事呢？不光对米拉婶婶，就是对所有德国

爱生活如爱啤酒 | C

人来说，这都是件天大的事，好比中国北方人过年没有饺子。德国森林保护协会的统计数字显示，每年有2450万棵圣诞树矗立在德国人家的客厅里。想想东西统一后的德国人口总数为8080万，眼前的场景就变得很清晰了：每3.2个德国人围绕着一棵圣诞树过节。

德国圣诞树的平均年龄为8—12岁。全德共有1.2万家圣诞树种植、销售和与之相关的企业，提供10万个全职和兼职的工作岗位。在圣诞生意红火期间，还会增加5万个临时工岗位。生产商投入到每棵树的总工作时间为12分钟。全国圣诞树的种植面积在5万至7.5万公顷之间，相当于75万至112万亩土地。每棵圣诞树以平均20欧元（相当于150人民币）售价计算，德国圣诞树市场的全年总产值为7亿欧元。协会的网站上还骄傲地宣布，2014年的圣诞树不涨价。

跟中国春节燃放烟花同一个道理，每逢过节总有一个诉求豁出去要满足，圣诞树火灾也是德国每年省不掉的节目。通常是由家庭成员里手最稳的那位把几十根真蜡烛点燃，带着托儿，小心翼翼地安放在圣诞树青翠结实的枝叶上。蜡烛和松枝的亲密接触，不仅产生迷人的光影，让每户人家的客厅都宛如人间天堂、模范之家；更让人陶醉的，是蜡烛的热力烘烤松枝产生的那股独特的芳香。这气味深深地潜入了大多数德国人的童年记忆，抹也抹不掉，致使他们在圣诞之夜，额外备好两个灭火器，也一定要把此情此景演绎给自己的孩子。

2014 年 3 月份，土耳其发生的一场突如其来的霜冻，改写了德国这年圣诞节的甜饼配方。霜冻虽然只延续了几个小时，但已经长到足以打掉黑海边榛子树刚刚结出的全部花蕾。博斯普鲁斯海峡以盛产榛子闻名，全世界 70% 的榛子产量都出自这里。而每年德国是从土耳其进口榛子最多的国家。在很多德国家庭里，磨成粉的榛子是辈辈相传的"祖母甜饼配方"中不可或缺的原料，这年的圣诞小甜饼只好不情愿地倒向杏仁口味。

　　小甜饼之于蛋糕，在德国人心目中犹如音乐盒之于管风琴，好比从洛可可的繁复归于巴洛克的细微。先问一句：甜饼跟饼干有什么区别？前者是家里做的，后者是商店里卖的。仅此而已。但在德国人的情感里，绝不仅于此。"甜饼哲学"折射出德国人独特的圣诞观念。根据德国著名的问卷调查公司阿伦斯巴赫（Allensbach）提供的数据，几乎一小半的德国人会经常或时不常地在家里烘焙（此比例之大，估计跟德国社会老年化程度高，尤其是老年妇女众多有关）。圣诞节前夕是一个忙碌的时节，一年要走到底了，每个人都觉得还有很多事情没做完。但烘焙是个例外，多忙也要烤，这是乐趣加传统。用德国的哲学思维把这个好吃的小东西形而上以后，可以总结如下：在家里烤小甜饼，而不去商店里买饼干，是对工业化世界的抗议，对真伪性的考证，是家庭价值的完美体现；个人手工作坊式做出的小甜饼貌似笨拙，远离流水线生产的统一和精准，但是，它绝不是饼干，而是我们的"道德小甜饼"。在如此理念的驱动下，试想每位家庭烘焙师为圣诞节烤出 60 块小甜饼，一个圣诞节下来，德国人民就需要总共消化掉 21.5 亿块甜饼。再加上圣诞大餐、酒精、蛋糕、巧克力……节后的减肥任务显然十分严峻。

德国有一则少儿不宜的笑话："圣诞老人的袋子怎么那么大？因为他一年就来一次。"无法考证该笑话的年代，但我觉得它挺后现代的，瞬间解构了圣诞节的美妙神圣。但也有另一种解说，认为是那些被圣诞老人骗过的小孩长大后，想出这个恶毒的笑话，狠狠报复一下这个老头。

对圣诞老人的信仰，让很多德国人的童年挂上幸福的光环。即便是小孩，也不好意思缠着大人没完没了地要东西，但给慈眉善目的圣诞老人写封信，或者向他喃喃倾诉自己的心愿，就让事情变得容易多了。大人们则乐于送给孩子这么一个童话，因为这不仅让大人有机会重温或修补自己的童年，也能趁机看到孩子一年中最灿烂的笑脸。不过，"圣诞老人"是一场温馨甜蜜又混乱不清的游戏。有的全家在去教堂的路上，一个大人悄悄中途返回，把礼物堆到圣诞树下。做完礼拜回家后，孩子惊喜地看到梦一样的景象出现在自己家里，就变得对圣诞老人坚信不疑了。有的家庭请来邻居或亲戚扮演圣诞老人，结果不小心露了馅，一个童年的梦就给弄砸了。更多的情况是，等孩子 6 岁以后，已经说不清是谁在跟谁玩了。

孩子对圣诞老人的失信通常是一个模模糊糊的过程，将信将疑的阶段尤其要做出特别相信的样子，生怕大人知道自己知道了那个秘密，礼物会落空。千万不要低估孩子，这是圣诞老人给成人的警告。

圣诞老人到底何许人也？别笑，他是20世纪20年代可口可乐公司制造的一个营销形象，有点像中国的老寿星，但颇为矫健。可口可乐还给他配了辆雪橇和几匹驯鹿。从此他每年在北极生产玩具，圣诞节从家家户户的烟囱爬上爬下，满足孩子们的大小心愿。2003年，我们带着5岁的女儿从德国搬回北京，她十分担心的一件事，就是北京的高楼没有烟囱，圣诞老人怎么进来呢？我们只好把万能的圣诞老人更加万能化。在可口可乐推出圣诞老人之前，德国的传统里早已有了个穿红袍的老头，甚至是两个，在圣诞节期间走来跟孩子们打交道。一个老头手捧金色册子，宣读孩子一年当中的优良表现；另一个老头手捧黑色册子，宣读孩子一年当中犯下的种种错误。所以，圣诞老人的前身其实是一个19世纪的西方育儿法，所谓"糖块加鞭子"。全球化以后，在没有欧美传统的国家里，圣诞老人也迅速蹿红。从五星级宾馆直到街边小店，到处是他。比如北京，七月流火的日子，老外走进鼓楼的一家冰激凌店，会被墙上贴的穿棉袄棉裤的圣诞老人吓一大跳：他老人家是一直没走呢，还是提前又到了？不中暑吗？

如果说春运是中国人过年的核心词，那么，礼物就是德国圣诞节的主题语。我特意避开"送礼"这个词，为的是别把德国人的"礼物"变了味儿。"礼物"在德国的本质是"惊喜"。先让人一惊：他/她是怎么知道我喜欢这个、需要这个的？然后由惊转喜：他/她好关心我，好懂我！这就是简单的德国人的惊喜心路历程。因为要做出无关乎贵贱的姿态，所以万万不可把价签留在礼物上，否则，你就比原始人还粗野了。不过，惊喜是一门高深的艺术，很容易弄巧成拙。因此，圣诞节也是一年当中翻脸的高危期。节日后，作为消食小酒，人们通常会幸灾乐祸地打开最为八卦的《图片报》，在那里读到哪对名人伴侣又掰了的消息。

　　看到圣诞老人到了中国，米拉婶婶的圣诞树也在不少三线城市的发廊里，以塑料之躯四季常青，我不禁想到，中国的红包会不会有一天在德国的圣诞节上大行其道。德国《时代周刊》2013 年的一个报道，对礼物一事采取了接纳百家之言的态度。比如它说，Allensbach 的民意调查显示，41% 的德国民众认为准备圣诞礼物是节前的一项负担。《时代周刊》还引用美国经济学家瓦德福格的观点，斥责圣诞礼物简直就是钞票粉碎机，而且极其低效，因为从经济学角度看，没有人比自己更了解自己的物质欲望。德国 eBay 委托做的用户调查，无形中支持了这个美国人的观点：2013 年德国人花在不受待见的礼物上的开销竟然高达 6.17 亿欧元。但是，德国社会学家、礼物研究者史瓦格坚决反对瓦德福格的经济学立场，他认为，礼物的最高价值在于，让它的接受者从心底里感到喜悦。送礼物的人如果想通过礼物显摆自己，那他就彻底搞错了。而且史瓦格认为，比不招人待见的礼物更可怕的礼物，是钱和券儿，因为这就是明摆着对接受礼物的人说：我没工夫也没兴趣搞明白你喜欢什么。你自己看着办吧。德国社会学家坚持礼物在我们社会中微妙的重要性，它是人和人之间表达喜爱的沟通手段。甚至祖父祖母也没有权利给孙子辈送钱，你要是真喜欢孩子们，就应该花心思去发现，什么让孩子们开心。

可见过好圣诞节不容易，既要超负荷地吃喝，又要高智商地情感支出，摆圣诞树的时候还会闪腰。但是出人意料的是，圣诞期间德国人的心脏病发作率却比平日低出10%。以此佐证，圣诞节归根结底还是一个正能量的节日。就连因逃税入狱的拜仁慕尼黑前主席赫内斯，都获准在圣诞期间离开监狱，回家过节。

一个过惯了春节的中国人的心愿是，让善良的人们都能回家——我希望每年的圣诞节能突显这一功能。

被德国人误读的《乌合之众》

　　诗集在德国的印量，300本是常事。比诗集更难出版的，是戏剧集，尤其是外国剧作家写的、又没有在德国搬演过的剧本。但是，2016年春节前夕，陈平和柯翰斯主编的《身在其中——中国新戏剧》居然在德国著名的时代戏剧出版社出版了。在这个集子中，沙叶新、过士行、孟冰和廖一梅的5部剧作被翻译成德文。书一上市，已经有几家德国艺术高校提出申请，要把《中国新戏剧》中的剧目植入他们的课堂教学。

　　主编之一陈平在前言里写道："对中国来说，话剧是个地地道道的舶来品。"那么，到德国来上演中国话剧，除了把舶来品送回老家，还要让观众在两三个小时内，密集地听一堆他们听不懂的中文。做这样的文化项目不是形同撞墙吗？

　　奇怪的是，德国的戏剧观众和剧院似乎擦亮了脑门儿，愿意去"撞墙"。

　　新近的一次成功是2016年1月。第七届莱辛戏剧节在德国的港口和商贸之都汉堡举办，上海话剧艺术中心的《乌合之众》作为第五部受邀中国话剧前来参加。首先，这是一个惊人的数字：在德国当代最重要的戏剧节上，中国话剧的参演率高达70%。不止于此。《乌合之众》在上演前就变得一票难求。谁都没有料到，但是票居然自己就卖光了。另一个"奇观"是，剧场里一个空位不留地坐满了德国人。当地华人的观演不足到场观众的十分之一。这显然是一部德国人想看的戏。

《乌合之众》的第二场演出结束后，已经是晚上10点多。观众们几乎都留下来，聆听在剧场前厅接着举行的互动。台上除了编剧喻荣军、主要演员杨皓宇，大家还很高兴地看到，进行现场音乐演奏的香港大男孩黄谱诚也出现了。他恐怕是整个演出中最累的人，整场下来没有一秒钟的休息，因为间歇也是音乐的组成部分。翻开三角钢琴的大盖，他在琴键上和音弦上，用打蛋器、乒乓球和刷子制造出各种与情绪及内心相关的音响，在离舞台一步之遥的位置，掌控全剧的节奏和氛围。《乌合之众》在音乐处理上的前卫设置，很是打动热爱音乐和艺术创新的德国观众。

《乌合之众》的主题，无疑也是在莱辛戏剧节上两场演出均爆满的原因。但是，用汉学教授屈纳的话说，这个吸引力源于文化误解。用一个复仇的故事，呈现个人和群体之间的互动，这是编剧喻荣军的初衷。故事始于"文革"武斗，流弹误杀了一个男孩的妈妈，从此，这个男孩用一生寻找误杀者和他的儿子；复仇者被喻荣军按照时代变迁顺序，安置进各种群体事件，甚至包括近在眼前的广场舞和网络暴力，剧情最后终止于香港"占中"。他试图追问，个体为什么会在群体中异化、转变、狂热、盲从直至失去理智？当权力在没有束缚的情况下被交到公众手里，会产生什么样的后果？

在群体中个体为什么会异化、转变、狂热、盲从直至失去理智？

而德国观众和媒体在这个剧作里看到了两点他们想看的东西：一是大胆——中国带来的艺术在表现"文革"这样的政治话题了！二是乌合之众的狂盲状态，让他们自然联想到德意志民族在第三帝国时期的表现，这也是德国公共空间中延续至今的重大反省内容。屈纳认为，这个联想表明德国人还是不了解"文革"。"文革"和第三帝国是没有可比性的。第三帝国是希特勒和纳粹有组织的杀戮，而"文革"中的很多悲剧，与群体运动中释放出来的恶相关。

演出之后现场交流环节的主持人拉蒂诗是德国《时代周刊》的文艺主编和著名的书评人。她很想知道，19 世纪法国大众心理学奠基人勒庞和他的名著《乌合之众》给了喻荣军的创作多少影响？"我是写完剧本之后才读到《乌合之众》这本书的。"喻荣军的回答让在场观众很是一惊。拉蒂诗紧接着提出德国人的核心问题：责任。这样大规模的群体运动造成的悲剧和灾难，应该由谁来担责？《乌合之众》让她感到遗憾的是，对责任的追问似乎只停留在对群体狂热的剖析层面上。她期待看到更深的政治和道德的审视角度。喻荣军回答道，个体在事后并不都是把责任往时代身上一推了事。那个误杀了男孩妈妈的人，法律虽然只判了他三年徒刑，但是迫于良心不安，早在被复仇者追杀的多年前他就自杀了。拉蒂诗承认，这部戏显然有很多很复杂的含义层面，是德国观众包括她自己无法解读的。他们肯定漏掉了极多的东西。

也许我们本来就不应该把"理解"设置为交流的终极目标，因为这会使目标变得遥不可及而令人沮丧。交流中的误解常常也是携带正能量的，看《乌合之众》的德国观众因误读而来，又带着各自的理解和对中国的思考而去，不也挺好吗？

回到艺术。戏剧毕竟是一门过硬的表演艺术。塔利亚剧院的前艺术总监冯·奥廷用一句话概括了他对《乌合之众》的评价：这是他经历的中国当代戏剧的最高水准。汉学家屈纳分析德国观众对《乌合之众》的赞赏，很大程度源于强烈的艺术张力，那瞬间的角色变换给演员的表演带来极大的挑战，这是打动训练有素的德国戏剧观众的地方。冷静的旁白和下一秒钟声嘶力竭的狂喊，给德国观众一种久违的陌生感，因为在节制的德国当代戏剧表演中，感情的发泄已然消失了。特意从柏林赶到汉堡观看《乌合之众》的德国著名演员马涛石却不同意汉学家的观点。对欧洲观众而言，该剧没有带来任何陌生和隔膜感，马涛石认为，因为"中国的艺术变得十分开放了，我在里面发现了很多欧洲的元素，有时会有种布莱希特的感觉，比如用极简的元素高度浓缩地表达一个理念"。这样一个题材，他个人觉得可以处理得更坚硬更残酷，但中国同行运用的是游戏化的智慧，往里面糅进了打动人心的东西。

在莱辛戏剧节上用专业眼光看《乌合之众》的，还有另一个人，他是汉堡的戏剧出版兼运营商劳克。帷幕一落，劳克立刻跟莱辛戏剧节的主席卢克斯敲定，他买下《乌合之众》，塔利亚剧院明年将在德国用德国演员排演该剧。这是一个谁都没有预料到的突破。上海话剧艺术中心的演员们回家了，《乌合之众》却留在了德国。劳克从中看到了罪与罚的母题和木刻式的抽象寓言性，这完全超出了中德各自的历史境遇，而适于表达人类普遍的行为和思考状况。劳克说，他将与专业的翻译家们合作，把中文搬演时简约的字幕译文，还原为与中文原文同等艺术高度的德语戏剧语言。可是，做表演诠释时，德国演员的身体语言肯定会是另一个体系，德版的《乌合之众》会有意想不到的看头。

演出后的掌声热烈而持久，观众们全体起立、鼓掌加跺脚，中国演员们一次次返台致谢。这恐怕是他们回国后记忆最深的事了。在谢幕这个环节上，中国观众习惯于把喜爱表现在拿出手机拍照，然后去朋友圈分享，而德国观众为了向表演者表达敬意和谢意，会把两只手都留出来，直到拍红都不停。

作家之夜

　　有一位名叫罗令源的旅德华裔作家，用德语写作。2007年她发表了一部小说，书名翻译成中文叫《中国代表团》，德国亚马逊上评四星，德国《焦点周刊》说，这本书应该被塞进每个出发去中国的外交官的箱子里。我觉得，仅仅这个书名就点中了德国人的穴，让他们拍手叫好。因为他们眼中的所谓典型中国人，就是一组组的代表团，从政府代表团到商务团、旅游团以及毫不例外的——作家代表团。中国人出国总是组团，无论因公因私。每个团还任命一名团长。

　　也许是组织纪律使然？也许是外语不行使然？也许是图省事一锅烩使然？

　　政商领域也就罢了。然而，在文学艺术领域，代表团这个现象就比较麻烦。每本小说都是作家一个人埋头写出来的。艺术作品也是每位艺术家冥思苦想独创出来的。到了海外，尤其是西方，你把他们塞进一个代表团里，以集体形象出现，就显得十分错位。西方人包括德国人的习惯做法是，拿起一本书，叫出一个名字，对上一张脸。文学和艺术界只流行个人主义，就是这个道理。

阿克曼是一位"中国人民的老朋友"，1975 年就来北京当工农兵学员，1988 年开办了北京歌德学院。从院长的位子上退休后也不回德国老家，而是继续留在中国做文化交流的顾问。他敢说些"大逆不道"的话，批评国内在文化输出方面的某些误区。"没有中国文学这回事！"这是阿克曼的一句名言，已经让有些领导不高兴了。我们就是要向国际上推广中国文化，你怎么居然说没有中国文学这回事？ 岂有此理！

其实，阿克曼的一片苦心是，别用"代表团思维"做中国文学的国际推广。"中国文学"这个概念本身就像一个代表团，大而抽象，没有一张具体的脸。如果你打着这个牌子在海外活动，不要惊讶对方不怎么来神。但是，如果你在国际出版精英云集的法兰克福书展发出一份邀请，上面赫然印着"麦家文学之夜——卖掉 33 个国际版权的中国小说家带着新书来了！"，你就会发现，不仅"麦家之夜"的举办场所——黑森宫大酒店的罗马厅里挤得满满当当的，连走廊上都站满了人。原定 45 人的小型招待会爆棚，二十几个国家的版权代理、出版商、文学推广人、翻译、媒体，再加上呼朋唤友的书展传统，上百人光临了这个夜场，在一次次举杯、握手、拥抱、合影及颤颤的闪光灯后面，国际版权销售的速度和数量也紧跟着攀升。

2018 年 10 月，在麦家从杭州去了趟法兰克福不久之后，另一位"老麦"从伦敦到了北京和上海，他是英国作家伊恩·麦克尤恩。差不多有一个星期，我的微信朋友圈被这个名字刷屏了。媒体抖出余华 10 年前对他的评价，作家张悦然问他 70 岁生日"大趴"都谁去了，编辑黄昱宁问他怎么重建虚构信仰，普通读者问他的写作习惯、对婚姻和英国脱欧的看法。他自己则主动就人工智能发表演讲，还在阎连科组织的人大创意写作研究生班给学生们上课。他的名著《最初的爱情 最后的仪式》和《赎罪》又被拿出来如数家珍，一张张图书封面和亮大后背、拖绿长裙的女主人公电影剧照也被贴得哪儿哪儿都是……

这一切是多么正常！全世界是怎么对待一个作家的，我们在中国也是这么对待人家的。我仔仔细细读了朋友圈里所有关于英国老麦的纪实报道，憋足了劲儿去找一个词 ——"英国文学"，直到麦克尤恩从朋友圈里退潮了，也没有找着。

我们其实懂怎么玩儿文学，就是一出国门就忘了。这是件颇令人费解的事。

法兰克福书展上有一个主办方与德国外交部共同组织的对话平台：世界思想论坛。他们关注全球领域内的重大话题，在国际知名作家、译者、出版商和文化工作者的圈子内寻找发言嘉宾。书展每年有 3000 多场用各种语言举办的活动，唯独这个平台配置了昂贵的同传设备。如果中国或阿拉伯或其他高难度语种的嘉宾来了，同传还会变得更加昂贵。比如中

爱生活如爱啤酒 | C

国嘉宾登场，除了一直有的德语和英语同传，还要平行配备中文和德文的同传。

麦家就是被请上这个平台的中国嘉宾。这个故事也很好玩，告诉我们为什么出了国门，至少在做文化交流时，"代表团"和"中国文学"两个标签可以暂且搁置。

世界思想论坛2018年策划了一个主题，叫"审视文学中个人与国家的关系——从经典到当代"。中国经典在德国出版市场已经有的挑了，2016年出版了引起轰动的《西游记》，紧接着2017年《三国演义》德文版上市。享有中国第一部小说美誉的《三国演义》，里面英雄豪杰无数，德文译者尹芳夏被确定为经典部分的对谈嘉宾。在当代文学部分，论坛邀请了麦家。他16年前创作的长篇处女作《解密》，写了一个数学天才和密码破译专家容金珍的故事。个人命运与激变社会的博弈，给读者留下了难忘的印象，包括德国读者。

如果《解密》没有被翻译成德文出版，如果容金珍没有作为一个文学形象加入国际文学的大家庭，麦家的名字不会出现在世界思想论坛的名单上。国际文学艺术思想圈里的游戏规则其实有它不复杂的地方，我把它叫作"找名字"。麦家的名字之所以被找到，作品先行是必要条件之一。但是要知道，一部作品从被发现，到谈版权、签约、翻译、出版、市场推广，需要漫长的时间。而且，世界上没有任何一家保险公司能够担保一部文学作品的成功。

如果有越来越多的中国文化人的名字频繁地出现在各种人文话题的论坛上，中国文化就真的走出去了，而不用像现在这样，急吼吼的，到处都是焦虑的面容。领导们心说，中国已然是世界第二经济强国了，咱们的文化也得跟上啊！赶快赶快！于是出台很多政策，很多资金被投入到文化软实力的输出项目中，很多代表团也被纷纷派了出去。

　　事实上，经济发展的速度很难复制到文化发展中去，就像不能要求大象和小猫似的，两个月就能怀胎产子。然而，有一条经济管理的定律在文化领域也适用，那就是专业的人做专业的事。

　　麦家的《解密》首先是被西方市场发现的，随后的一切就顺理成章地踏入了国际出版的市场轨道。也就是说，那里没有大国崛起的文化急躁心态，而是成熟的、追求市场影响力最大化的出版运作。这位作家奉行市场原则，请了位台湾代理谭光磊打理图书版权事宜，自己待在杭州的家里写作。谭光磊有 10 余年的图书版权交易经验，讲究策略。2015 年，他开始向国际出版界推荐《解密》，大获成功。但他没有乘胜追击，而是按兵不动。2018 年，当《解密》为麦家打上了"伟大的小说家"（英国《经济学人》评语）的光环后，谭光磊才开始推介麦家的下一部作品《风声》。《风声》的文化背景门槛比《解密》高出不少。麦家用国共日伪四个政治立场的复杂历史关系，支撑起一个密室推理般的谍战故事。外界不了

　　　　　　　　　爱生活如爱啤酒 ┃ C

解这段中国历史，就像中国读者不了解西班牙内战一样。不过，在过去的三年中，国际读者和出版商们已经开始喜欢和期待麦家了。《风声》的推出，激发他们去了解一段复杂而重要的中国历史的动力。

在法兰克福书展期间举办麦家文学之夜，对麦家自己也是件新事。平时他在家里写作，对自己实施部队般严格的作息：每天早上5点起床，写作两个小时，7点早餐，之后散步一小时，从9点写到下午1点。吃午饭，睡午觉，下午4点至6点是健身时间。晚上6点多钟吃晚饭，7点到8点处理杂事，8点之后，要么接着写，要么读书看电影。天天如此，不许被打断，情绪不得受干扰，直至新书的最后一个字敲完。然而，在海外出席这样一个作家主题夜，他得给自己站台。他穿了件驼色的西装上衣，配牛仔裤，正式加休闲。每张合影上，他都笑得有点拘谨。也难怪，他是位小说家，是驾驭语言的人，但这天晚上全说英文，而他的英文水平是以单词为单位的。来来往往跟他打招呼的版权经理，有荷兰的、韩国的、英国的、土耳其的、俄罗斯的、法国的……慢慢就数不过来了。

柏林电影节和科斯里克的红围巾

2月的柏林，一个冬天的童话。不过，这个童话不是海涅的，而是柏林电影节的。

柏林的波茨坦广场，平时是个无趣的地方，柏林电影节期间，这里幻化成熊出没地带。熊是柏林的市徽，也是柏林电影节令人神往的奖品。在波茨坦广场下车后，穿过两条街，走上大约5分钟，就到了柏林电影节的主场——君悦大酒店和柏林电影宫。君悦是媒体中心和新闻发布会所在地，记者和明星涌动的地方；电影宫前铺了著名的红地毯，是追星和闪光灯的云集地。每年电影节租下以波茨坦广场为核心的24家影院，在2月份狂欢10天。在世界三大A类电影节中，柏林电影节一直以观影人数众多傲居首位。落幕后的新闻稿上每回都写："作为世界上最大的大众电影节，我们今年售出了X张票！"

通往电影宫的街上，除了密集的熊广告，偶尔也立着别的广告牌。有位德国记者描写了欧莱雅公司的口红广告。从远处看，系列广告牌上似乎是一位位好莱坞明星在对行人灿笑，走近了细瞧，才发现原来个个都是德国的本土模特。这位记者以此类推柏林电影节，猛一看挺国际化的，第二眼看去却发现，它其实还是非常之德式。

什么是德式？高冷严肃肯定算其中一味，就像柏林 2 月的天气。"如果说在影院里安睡是对一部影片最大的信任，"有位媒体人如此调侃电影节影片的沉闷，"那么我们可以将本届电影节评为特别令人信任的电影节。"拒绝爆米花也可以归纳为德式：所有 24 家展映影院，都被电影节组织方严厉地灭掉了影院最重要的收入——销售爆米花。柏林电影节上的电影，是不许就着爆米花看的。否则，高大上的柏林电影节选片，岂不变成了市场化的"爆米花电影"？

柏林电影节被自己的德国媒体幽默地形容为"不讲究流光溢彩，但求内容重要"。在 2019 年终于退休的电影节主席迪特尔·科斯里克，在他 18 年的任期中，年年都强调"在娱乐中端正态度"。他和他多年不变的选片小组每年都要完成一个政治和人文信号强大的影片阵容：历史反思、非主流文化、边缘人群、环保、人性、难民问题……

2014 年年初，当时 65 岁的科斯里克常被熟人围追堵截，大家都压低声音，神秘地问他："他真的来吗？"他也低声附耳回答："还真难说！"不久之后，在一个德国著名的电视脱口秀节目里，他终于宣布了"他"来的确凿消息。这个"他"，就是乔治·克鲁尼。德国人不掩饰自己对好莱坞的崇拜。最具小报精神而发行量为王的《图片报》在柏林电影节开幕的前一天，登出了 2014 年"必去柏林电影节的 10 大理由"，其中头条理由就是去看克鲁尼。

很多大明星都是在电影节的首个周末才款款抵达柏林，克鲁尼也是这么安排自己的行程的。他如期在星期六这天端坐在柏林君悦大酒店的新闻发布会现场。而君悦后门，早已经被影迷围得水泄不通，以响应《图片报》看克鲁尼的号召。克鲁尼带来的全球首映片叫《古迹卫士》，简直完美印证了那条肉麻的定律：艺术高于生活。他讲的故事是，希特勒看清了德国战败的命运后，下令销毁大量艺术珍品，不惜让这些举世无双的宝贝香消玉殒——如他希特勒本人，也不许落入敌人手中。救世英雄克鲁尼成立了一个专为抢救艺术的特别行动小组，跟德国人和俄国人斗智斗勇。而就在不久前，现实生活中的德国民众为一条爆炸性新闻而激动：在慕尼黑一栋十分不起眼的楼房里，居然在一个哆哆嗦嗦的八旬老头家中，发现了他窝藏的 1400 多幅艺术史家们以为早被纳粹销毁的世界级绘画作品……这条新闻披露时，估计克鲁尼的片子已经杀青了。

回到君悦的新闻发布会现场，一位年轻貌美的波兰女记者问克鲁尼："我感到惊讶和不解的是，你刚下飞机，却如此容光焕发！你的秘密是什么？"克鲁尼环顾左右，他带来的那几条好莱坞好汉，因为一直没有任何人向他们提问，正倦容

　　　　　　　　　爱生活如爱啤酒 ｜ C

满面地撑着，等这场"克鲁尼秀"赶紧结束。于是克鲁尼阳光大男孩式地一笑，说："噢，我也很想知道答案！"

多么好莱坞！魅力势不可当。不跟你玩深刻，又不让你讨厌他浅薄。一位德国的资深文化记者对克鲁尼的评价很高，话是这样说的："像克鲁尼这样能演戏又有脑子的，在好莱坞里稀缺。"

德国人骨子里还是很看重"脑子"的。这就导致在德国的上流文化圈子里，柏林电影节的老主席科斯里克多年来一直是个备受争议的人物。很多德国电影批评家、文坛领袖、大艺术家和大知识分子们谈起他时都摇头，认为他不过是一个经理人而已。言下之意，他绝不是德国人心目中引以自豪的那种知识分子、思想家类型，所有深刻、高端的话题都与他免谈。可是，一个电影节真的需要一个大知识分子来掌舵吗？

从 2001 年开始，科斯里克接手，柏林电影节便在他的手里节节壮大。严冬 2 月，柏林电影节严重缺乏戛纳的阳光和半裸的美女。但一位美国电影版权经纪人说得好：2 月好啊，大家的钱袋还是满满的！电影产业的幕后大生意，国际版权、合拍、融资等等交易，被奢华地安排在 1877 年建成的、意大利文艺复兴建筑风格的马丁·格鲁皮斯大楼里进行，那些在光影中庭里约会的电影专业人士，恍然间会分神产生穿越感。而无冕之王们的流连地——媒体中心及新闻发布会，被奢侈地安排在克鲁尼现身的君悦大酒店。把这两部分人安排好以后，剩下的，就是看电影了。看电影的票房都归电影节，影院只收租金。

科斯里克是一个能让人"嗨"起来的人，他能让"光荣"与"梦想"这种非日常情愫在柏林电影节上流进每一个人的血液里。仅看他怎样聪明地应对中国媒体的获奖焦虑情结就得给他点赞了。而且他满腹笑话，出口成章，还不怎么把自己当回事。用"其貌不扬"形容他亦不为过。唯一给他增添点文艺范儿的，就是他每年必戴的红围巾，长条形的，冷了就绕一圈，热了就在脖子上一搭，左右各一边自然下垂到深色西服前。巴黎近来流行男士长围巾的另一种系法，即先对折，然后把双股围巾往后脖子上一搭，再从前面把开衩的一端插进另一端的圈儿里。有点斜，有点松。科斯里克也掌握了这个系法。他对这款标志性的红围巾的解释是：这10天他大部分时间都必须站在红地毯上，正好交相辉映。不过他强调，一年中除了这10天，其余的时间他都站在地上，脚踏实地，一块地毯都不沾。

不嫌他知识分子分量不足的人，就很羡慕他在一个光鲜的世界里能结识那么多美人、名人和明星，还能免费看那么多好电影。科斯里克说，众人不知，其实这正是他头大的地方。当然他很享受跟名流的迎来送往，名流也往往是很有个性很有趣的人。但架不住多。一次他正在观影，有人从旁边拍拍他的肩头，他侧脸一看，惊喜地叫出了一位美国大演员的名字。寒暄几句后，名演员离去，他接着看电影。可就在几秒钟后，脑子里却冒出另一个名字来。原来跟他打招呼的，是另一位赫赫有名的美国演员。犯下这样的大错，对柏林电影节会产生不良影响吗？他承认自己有时有面孔综合征。

远在20世纪90年代，当科斯里克还在德国北威州领导电影促进基金会的时候，德国外交部语言服务处里，有一位年轻的德国女译员负责德中口译。那次柏林电影节恰好有中国片子参展，德国女译员白雅荷就向她的领导请示：我想去看中国影片，它们都是中文原声，我认为这是难得的语言培训机会，恳请领导批准并且报销我的电影票费用。德国外交部很通情达理地为她的首次柏林电影节买了单。

没料到的是，从此柏林电影节又多了一个电影疯子。每年2月，成了白雅荷雷打不动的休假期，无论正好被派驻在德国还是中国，她都要全程参加柏林电影节。她应该是一个"柏林电影节观影攻略"的理想写手，她知道何时、何渠道搜集何种信息，高效率地安排自己的时间表，最大量地看自己最想看的电影。在2月的这10天，白雅荷的生活呈高度简约化，每天的24小时，只容得下三件事情：看电影，排队买电影票，睡觉。其他皆为琐碎。排队买电影票之所以成为一件大事，是因为柏林电影节上的预售票只提前3天供应。刚看完一场电影的白雅荷，已经站在买票的长龙里去买3天后她想看的电影了。在排队的长龙里，她听到了各种语言，韩国话、阿拉伯语、美式英语、英式英语、西班牙语、中文、法语、日语……柏林电影节还有一个标签——德国最大的国际文化节。

柏林电影节对全球的电影疯子具有非常大的吸引力。科斯里克引以自豪的是,一览全球电影节,有比柏林风光旖旎的如威尼斯,有比柏林高端性感的如戛纳。但无论在哪里,都看不到像柏林这么多而迥异的片子,特别是小国的文艺片、纪录片、短片、实验片等等。美国的独立电影人在柏林,只有在柏林,才找到自己的精神家园。去柏林,也是很多亚洲电影人寻找认同的渠道。大家都知道柏林是中国新电影的发现场。连德国人都说,没有我们1988年对《红高粱》的慧眼,哪有张艺谋呢?非洲、南美的电影在此也有重要的一席之地。

假如把金熊奖颁给克鲁尼,这个国际玩笑能不能开?因为真是这样,柏林电影节就不姓柏林了。它很德国的地方,其实就是它比较"政治",西方左派那种耿直的"政治感",对多元文化的亲善,对社会现实的关注,反权威式地对新人的提携,对新锐创意的敏感和激动。连"经理人"科斯里克对此原则也没有半点偏离。反正再商业也商业不过美国。离开柏林电影节这个冬天的童话,在德国的院线里,每年只有约四分之一的排片是"非美国片"。这也没什么可羞耻的。全欧洲数下来,对美国片最不齿的是瑞士,每年进入瑞士院线的"非美国片"高达35%。

所以擒熊获奖这事跟克鲁尼没关系。他是为热场而来。在漂亮地办完"我来、我见、我征服"后，他就走人了。剩下的人越来越紧张。因为，看完电影之后，还有一件大事，或曰高潮——颁奖。看电影的是一大拨人，评电影的是一小拨人，评奖的是一小部分人。连科斯里克都对这一小部分人无可奈何，除了把他们一一请来然后一起走红地毯之外。因为他的独裁权在拍板主竞赛单元入围片的时候就用完了。为了挑出主竞赛单元的20余部影片，他要亲自看200多部影片。德国的文化上流社会对此也有微词：国际评委虽然年年换，比如从巩俐换成余男，从余男换成梁朝伟，从梁朝伟换成王全安；但主单元入围片的选片委员会却30多年来阵容基本不变。这不是总在重复挑同一口味的片子吗？这不是在培养一批应试经验丰富会来事儿的电影人吗？

　　值得一提的是2014年。几乎每届柏林电影节都要出现的情况此刻又出现了：第64届柏林电影节公布的获奖名单把大家都惊呆了，包括获奖者本人。德国当日的《新闻联播》是这样播报的："今年的国际评委又和批评家及观众唱了个大反调。金熊奖授予来自中国的影片《白日焰火》。导演刁亦男带来的是一部艺术电影，但是大家看后却发现，原来是一部惊悚犯罪片，毕竟有八个死者。"相当哗然的德语纸媒各有各的说法。《南德意志报》说，观众喜欢的影片只获得了小奖项，而中国捕到了三头熊，几乎包圆了柏林电影节。《白日焰火》

的导演惊讶得长时间无语，最后感谢了自己的团队。《法兰克福汇报》用冷静的笔触写道："刁亦男的作品是黑色电影的中国变种……他能把人们熟悉的类型片植入全新场景，值得一看。因此我们也不必发什么牢骚了。"

冬天的童话讲完了。科斯里克也终于可以回家陪他的小儿子。这个男孩一直想要一部最新的苹果手机玩游戏。

"最政治"的法兰克福书展

下榻

如果你不住在法兰克福，恰好又没在一家资金雄厚的大出版社工作，但是又想参加法兰克福书展，那么，最温馨的办法，就是住在一位法兰克福的好朋友家里。我的法兰克福好友叫老范。他是位思维敏捷的德国人，为法兰克福书展服务30年后，两年前退休了。因为晚育晚婚，年轻的韩国夫人又是位工作狂，照顾9岁的女儿汉娜的任务，就落在老范肩头。

书展期间，我每天早上7点半准时和汉娜、老范共进早餐。老范煮好咖啡，亲手为我斟上。汉娜吃麦片冲冷牛奶，碗里如果剩的牛奶比较多，她就对老范说："爸爸，我要吸管。"老范立刻就变成最殷勤的男人，起身绕过桌子，拉开抽屉，给女儿款款送上一支色彩鲜艳的吸管。我对汉娜说："你长大以后也会给爸爸拿吸管吗？"还一身睡衣的汉娜说：

"等我长大了，爸爸就没有牙了。我当然给爸爸拿吸管。"孩子总是想得很具体。老范调皮地说："到那时我就用吸管喝啤酒！"

陪伴我们早餐的，是声音开得很大的收音机，正在讲法兰克福书展这年的主宾国是印度尼西亚。播音员热情洋溢地说，印尼由 17000 多座岛屿组成，除此之外还是世界上最大的伊斯兰国家。德国市场上几乎没有出版过印尼的文学作品，但这次印尼派来了 70 多位作家！没书怎么交流呢？我有些为这些印尼作家捏一把汗。餐桌上摆了一本阿克塞尔·舍夫勒画的《咕噜牛》，是汉娜刚得到的礼物。我们往面包上抹黄油的时候，要留神别把书弄脏了。凭借这本在全球畅销了数百万册的童书，德国插画家舍夫勒在伦敦买了栋别墅，从此搬离了德国。多年前，舍夫勒还不像今天这么出名时，老范曾邀请他去台北书展的德国展台做活动。两人一起喝了不少酒——这也是各地书展的特征之一，成了朋友。舍夫勒这次来书展庆祝《咕噜牛》出版 15 周年，特意给汉娜带了签名本。汉娜去上学后，老范和我又聊了一会儿身为童书插画家的舍夫勒为什么不想要孩子，又聊到中国计划和法兰克福书展明年合办世界插画奖的事，然后我们一起坐地铁去书展。（往书展去）

地铁

　　《明镜周刊》的一位记者写过，他以前住在法兰克福的时候，没去过法兰克福书展，但是特别喜欢书展期间的法兰克福，这座城市在书展那5天会魔法般变身，变得国际化、有文化档次，一反平时的金钱味儿。也难怪，在不办书展的那360天，法兰克福的功能是金融中心。这位记者还说，他也曾经超级喜欢过书展期间的地铁，里面乌泱泱挤满了衣装不俗的文化人，谈的都是高深话题。只是自从他也成了参加书展的一分子后，他发现大家的话题并没有他想象的那么高大上。

　　他说得没错。比如老范和我，在地铁里聊的还像在早餐桌旁一样，是一堆闲言碎语的延续。可这就是法兰克福书展啊。除了那4000多场正式的登台活动，以及每半个小时一场的版权谈判之外，书展内外涌动激荡的，就是这永不停歇的碎语式交流。当全世界100多个国家的出版商、作家、记者、艺术家、知识分子、创意人士、社会名流统统聚起来，用各种语言拉起一支14万人之多的法兰克福书展"专业人士"队伍时，你无法想象那种交流的高频密度。有一个编辑在博客里写他想上厕所，结果在展厅里一路上碰到一拨又一拨认识和不认识的人，聊个没完，半小时后居然忘了自己本来的生理需求。

老范在地铁里问我，德国媒体报道了中国一些二三线城市存在大量空置的楼房，人称鬼楼，这是不是真的。我则问他有没有难民被安置到了他们家附近。老范诡秘地对我说：德国联邦政府已经宣布，每个难民每月发 670 欧元的生活费。但目前最大的困难是没有足够的住所提供给难民。德国市场供求合理，没有那么多多余的住处。为什么我们不跟中国合作，把难民"出口"给中国，让他们把鬼楼住出人气来，每人每月的 670 欧元也可以随之拨到中国去。地铁里没人听我们的谈话，因为每个人都在说自己的。我放下心来，对老范挤挤眼睛：可惜默克尔要去土耳其请求援助，否则，她到了书展，还真是你老范献计献策的时候！

政治

难民危机成了德国社会当前的核心任务，比难民安置复杂得多的，是这些穆斯林难民的拥入，掀动了德国社会一场宗教、文化、社会价值观认同的大混战。在这个节骨眼上召开的法兰克福书展，立志要占领道德制高点，举办一个"最政治"的书展。开幕前夕，主办方宣布，萨尔曼·拉什迪将会在开幕记者招待会上发言，因为没有人比他更合适来谈不同宗教间的宽容和表达自由的重要。出生在印度的英籍作家拉什迪在 1989 年出版了《撒旦诗篇》，用魔幻的文学形式对伊斯兰教提出批评，当时的伊朗宗教领袖霍梅尼对他下达了全球追杀令。令人惊讶的是，拉什迪将现身书展的消息，在霍梅尼早已去世、追杀令失效多年的今日伊朗，仍然引起了强烈的反弹。伊朗文化部公开宣布坚决抵制法兰克福书展。书展的公关负责人碧娜告诉我，本来她手里掌握着今年参展商最准确的数字，即 7150 家。但因为伊朗的临时退展，这个数字要向下微调。

我去伊朗国家展台转了转。那是在一条充满了书籍的走道上的一小段空白，几个洁白的展位空空荡荡，场面之小，跟新闻里的巨大丑闻报道不成比例。我知道，政治意义是不能用面积来计算的。一位黎巴嫩的女出版商说，在书展上她非常想念伊朗的同行们，他们做的童书是那么美。不知为什么，这个非政治的表述比那些政治谴责更令人忧伤。也许是她提醒了我们，在政治和宗教的冲突中，文化在受伤。一位印尼的作家对书展的做法提出了小心翼翼的批评，他认为书展不应该那么突然地宣布拉什迪将出席的消息，一件这么复杂的事情，为什么不给各方多留出些考虑和沟通的时间呢？

拉什迪在他的众望所归的发言里，对伊朗做出了一个点到为止的致意。他的最新小说《两年八个月和二十八个夜晚》是对《一千零一夜》的重新叙述，旨在弘扬人类理性，反对危险的宗教极端狂热主义。讲故事是人类的本性，我们只有靠讲故事才能活下去，这是《一千零一夜》告诉人们的道理。说到这里，拉什迪不忘指出，《一千零一夜》在翻译成阿拉伯语之前，是在波斯，也就是今日的伊朗诞生的。也许是文化立场使他如此宽容。

商业和文化

我碰到了书展副总裁傅蓝。他的胡子留得比以前更密，笑眯眯的样子却没变。他告诉我，他引入了一个让商务决策人更方便沟通的工具平台，起名为"商业俱乐部"，这是设在书展中心位置的一个封闭空间，不买会员卡进不去。这里一共进行了上千场有成效的会谈。以前，产业的大佬小佬们都是在书展上自己散约，重要的会谈不约在喧闹的展台上，而是选择在书展周围的酒店私聊。傅蓝觉得，第一，钱都让酒店挣了可惜；第二，这种分散也是内容流失，他的心情就跟做网页的人总想把浏览者挽留在自己的网页上一样。"法兰克福书展非常大，"傅蓝说，"所以我们要设计小而美的商务直接对接空间。"我在商业俱乐部里喝了杯免费的咖啡，味道不错。打量身边的人，发现他们都挺有会所范儿的，很享受自己在这个至尊地带占有一席之地。我随之想到书展上的另一个封闭空间：苦逼的版权中心。那里没有这里舒适高雅，而是桌子板凳一字排开，620 名来自 32 个国家的版权代理在那里一坐就是 3 天，对着有约而来的各国买主一遍又一遍吆喝要出售的内容产品。据说 2015 年卖得最凶的是斯堪的纳维亚的图书版权，北欧黑夜漫长，盛产惊悚小说。

一个平台做好了，别的大事自然会围绕它发生。像主宾国印尼，在全球对话中有越来越强的文化诉求，而法兰克福书展称得上是一个体面的表达平台。印尼的主宾国展示很平和，甚至可以说柔美，让人对这个全球第一穆斯林大国相当放心。而我替印尼扼腕的是，它最终留给德国媒体的印象，不过是几本精致的美食书。

美国和亚非拉

德国书商及出版商协会做出的权威统计表明，德国每年出版的不到 8 万种新书中，15% 是翻译作品，翻译图书中的60% 当然来自英文。日文翻译作品居然能占到德国翻译出版的第三位。要感谢的绝不是村上春树，而是日本漫画。

听起来德国似乎比较保守，虽然"世界文学"这个概念就是德国大文豪、法兰克福之子歌德创立的，但是如果跟美国比起来，德国对国际文学的态度却已然相当开放。要知道，美国每年只有 2% 的图书是从其他语种翻译成英文出版的。莫言和刘震云的美国出版商莎奈特·西弗女士有一次告诉我，她已年逾八旬，做了半个世纪的国际文学出版后发现，自己几乎还站在原地没动。直到今天，在美国做国际文学的出版仍然是件拓荒牛的工作。

其实，我们看一眼法兰克福书展就能明白，书展上大家争抢的主要还是美国版权。美国的牛气在于，美国人几乎只读美国人写的书，然后把美国书的版权卖到全世界，让世界人民也读，在此基础上建立世界与美国的对话。当年如果不是莎奈特和她丈夫——传奇出版人理查德·西弗顽强地挑战美国文化保守主义，美国读者至今可能都没听说过塞缪尔·贝克特和玛格丽特·杜拉斯，还不以为憾。

安妮塔是亚非拉文学在德国的推手。亚非拉这个名字听起来已经挺可笑了，可是在世界文学版图里，作为被共同忽视的，这个组合并不过时。安妮塔说，她主持的国际文学推广机构钱很少，他们做的事情也不容易，但是她坚信，在畅销书和英美书之外，还有优秀的文学作品需要进入西方读者的视野，它们来自伊朗、古巴、土耳其、埃及、中国、南非、韩国……谈到韩国，安妮塔几乎无法掩饰她语调中的嘲讽意味：早在几年前她就向德国出版商推荐韩江的《素食主义者》，怎么推都没人理她。我们都知道，后来《素食主义者》获得了布克国际奖，韩江忽然成了德国出版人眼里的香饽饽。

文学

　　法兰克福一直阴雨绵绵。我告别了汉娜和老范，赶回同样阴冷的汉堡，因为汉学家顾彬和我在汉堡孔子学院有一场对谈。顾彬以炮轰中国当代文学而驰名中国。在我们的对谈中，他重申了一遍他的"火腿论"，即好的文学作品不能超长，最佳选择是中篇小说的体量。顾彬认为小说一写长，就沦为俗文学。因为顾彬是德国人，他对俗文学的比喻就是德国人出门填肚子用的火腿。换成中文说法，我们可以把他的话理解为，谁的小说写得过长，谁就成做干粮的了。我摇摇头，对他说："我必须反对一下您的说法。我刚从法兰克福书展回来，两天前那里颁发了 2015 年的德国图书奖，获奖作品是一部 800 页的长篇小说。"顾彬看了我一眼，没有马上回答。我接着说："不过，这部小说肯定不是您说的火腿，可能跟作者写了 15 年之久有关。"顾彬沉郁地点点头，松了一口气。

　　我想起那天老范和我站在拥挤不堪的人群里，围观法兰克福书展上最著名的文学沙龙——蓝沙发访谈。沙发上坐着新鲜出炉的德国图书奖获奖者弗兰克·威策尔，一个光头男人。他骄傲地告诉观众们，他的 817 页长、名为《1969 年夏天一个狂躁而抑郁的青春期男生发明了红军党》的小说，已经被中国人买下了版权！鉴于他花了 15 年的时间才完成这部小说，而中文又是一种极难的语言，威策尔预计中文翻译也需要花15 年的工夫，也就是说，中国读者将在 2030 年读到他的这部小说。我在兴奋的德国观众中轻轻叹了一口气，对老范说："中国政府还要加强和德国人民的沟通啊，你看，就连这么聪明的作家，都还不了解今天中国的速度。"

长颈鹿与天坛

2019 年 11 月，67 岁的姜尼在德国《世界报》驻京记者的岗位上退休，荣归故里法兰克福。德国几大报纸都刊登了纪念他退休的文章，称他为"记者中的记者"。来自同行的赞誉，恐怕没有比这个说法更高了。从 1997 年起，姜尼在北京一口气工作了 22 年，再加上他 1975 年就去北大读书，80 年代初在中央编译局当编辑，90 年代中期在武汉负责发展杜伊斯堡跟武汉的友城关系，论起德国人的中国经验，几乎无人能跟他比。在北京三里屯的德国媒体联合办公室里，他不知解答了多少年轻记者们关于中国的问题。整个德国媒体都欠姜尼一笔培训费。

两年前，德国一家智库做过调查，发现德国各界的中国事务应对能力普遍偏弱。中文难学固然是个原因，但中小学从师资、教材到课程安排，都没有反映出中文应有的重要性。在科技领域，中国已经是德国的第二大合作伙伴，仅排在美国之后，但是德国的科学家们对中国的文化历史和当代国情的了解也不多。是中国发展太快了，快到让德国人来不及做好充分准备？还是中国在世界格局和文化长成中本来就复杂和另类，让人不好搞懂？

无论什么原因，像姜尼这样的超级中国专家返乡后，立刻变成了抢手的香饽饽，德国的电视台、广播、大学和各种机构纷纷请他出场。姜尼说，中国不再是二三十年前的那个国家了，已然是世界强国，一举一动都对世界发生影响。从这个角度似乎可以理解，德国为什么产生了需要理解中国的焦虑感。

有时候，我问自己，中国人就很懂德国吗？姜尼在建立杜伊斯堡和武汉的友城关系时，办过一个轰动一时的动物交换项目。20世纪90年代中期的武汉动物园还从来没有过长颈鹿，武汉人只能去北京或在画册上观赏这个神奇的动物。姜尼得知杜伊斯堡的动物园正好有一对长颈鹿双胞胎出生，就帮助两个城市的动物园达成协议——武汉送给杜伊斯堡小熊猫，同时迎接杜伊斯堡的一对长颈鹿幼崽。汉莎航空很帮忙，只要幼崽没有高过两米，就管空运。在姜尼的协调下，武汉人和杜伊斯堡人跟长颈鹿的个头增长展开了时间竞争。最后，一对长颈鹿顺利抵达上海机场。武汉方面从四川租了一条船，5天5夜沿长江而上，把长颈鹿及随行的杜伊斯堡动物园园长从上海运往武汉。坐完飞机的长颈鹿又坐了5天江船，很是享受，但德方人员快疯掉了。因为是四川的轮船，每天的伙食都是面条拌油辣子。为了坚持到武汉，动物园园长不得不偷吃了长颈鹿的胡萝卜。

从 2020 年 3 月中旬"新冠"疫情在德国蔓延后，姜尼的讲解活动就只能在沟通软件 Zoom 上进行了。我有幸看到他做的最后一期电视节目。那天我正在厨房做晚饭，被告知老熟人姜尼上电视了。我连忙关了火，坐到客厅里看直播。电视背板上出现了巨幅的天坛祈年殿图片。主持人问："天坛是你很喜欢去的地方，为什么？"

"我是受基辛格的启发。"姜尼微微一笑。我读过一篇姜尼写天坛的报道，他爱意浓浓地描写公园里晨练的老人，替孩子相亲的家长，还有下棋和拉二胡的"老北京"及熙熙攘攘的游客。然后，他笔锋一转，写到了德裔美国外交家基辛格对天坛的特殊感情。基辛格一生访问过中国 80 次，去天坛就有 18 次，90 多岁时，还特意带着孙子去了一次。对一个操心大国关系的政治家来说，这很不寻常。1973 年中美破冰谈判中，时任美国国务卿的他和时任中国外长的乔冠华谈得很僵，就去天坛散心。两人拉开 60 米距离，各立于回音壁两端，居然清晰地听懂了对方。基辛格恨不得带一块回音壁的砖头回美国，好从此跟中国外长通上"热线"。

姜尼认为，基辛格在天坛寻寻觅觅的，是一把理解中国的钥匙。祈年殿的方基圆顶，用建筑语言完美地诠释了中国"天圆地方"的观念，而执政者天子与天的关系，也在圜丘的空旷中有所暗示。基辛格终生信奉威斯特伐利亚原则，致力于在此原则上建立现代国家合约精神的维护，特别是国际体系中的和平与均势。天坛的建筑构架和古松古柏引他沉思：大国如中国在国际秩序中到底起什么作用？世界和中国的关系又应该建立在什么基础上？中国能融入世界秩序吗？还是要把中国的秩序观传递给世界？

"基辛格找到答案了吗？"主持人问。"这个问题问得不错。"姜尼答。

你再也上不了黑名单

千真万确，如果你还没上过黑名单，就再也上不去了。在当前震荡世界的反种族主义运动中，"黑名单"这个词被社交媒体大户推特主动揪了出来。为了消除种族歧视，"黑名单"将成为历史，取而代之的新词是"阻止名单"。其实，上了黑名单的人就是要被阻止做某种事，这下子反而更加直截了当了。

美国是这场运动的大本营，德国紧跟其后。带种族主义暗喻的百年街名和店名都被改了，虽然至今还没有哪座人物雕像被砸，但是，关于是否要砸的讨论却很激烈。此外，一些德国人还认为，雕像仅仅是表象，我们应该对自身的思想史进行无情的清算；是否要揭开某些历史名人种族主义者的真面目，也是必须论战的话题。我小时候赶上了"文革"的尾声，"打倒孔老二"不仅是老师教给我们的口号，也是在街上刷得到处都是的标语。长大后，国家改革开放了，大人们迅速改口，孔老二至今被尊称为孔子。正因为有了这套经验打底，当我听到有些德国人想打倒启蒙思想家康德时，居然一点都不吃惊。

让我吃惊的倒是，德国这次对种族主义的反思只在追随美国，却又流于表面。美国"黑人的命也是命"运动刚兴起，德国著名电视访谈节目都纷纷打出反种族主义主题，争相邀请对此有发言权的嘉宾。不知是过于仓促还是无知，电视台请来抨击种族主义的嘉宾往那儿一坐，全是清一色的白人。有位德国黑人明星说："这就好比我从来没怀过孕，却跟你大谈怀孕是怎么回事；种族主义只有'被种族主义过'的人才说得清。"接受批评后，电视台再请嘉宾就变为黑白参半了。但这也让我很困惑：德国人谈种族主义，怎么只谈黑人命运？

这当然没错，从东方到西方，黑人在任何国家都是种族主义的主要受害者，而且，任何一场正义的运动，都要给平时发不出的声音提供大声疾呼的机会。有一个戏仿德国焦点访谈的视频，上线两周已获得80万点击量：七八位非裔德国人出镜，讲述他们本不愿意公开的种族歧视体验，他们是演员、记者、议员、作家，无一例外的社会光鲜人物；德语在他们嘴里都是纯正的母语，可见从小就生长于斯，有的还有德国父亲或母亲。但是，在白种德国人眼里，无论肤色是深黑还是浅棕，他们都被死死定义成非洲人。

被种族歧视是他们从小到大的家常便饭。有位非裔女演员因为腹痛去看妇科医生，那位白人女大夫并不对她进行检查，而是"语重心长"地告诫她："你的痛苦里埋藏了殖民主义留下的痛，黑人奴隶制留下的痛，你还会痛很久……回家吧，每天做做击鼓运动，把几百年的痛苦慢慢释放出来！"你看，除了恶意的暴力种族主义，就连这种自以为是的"共情"也伤人至深，尤其还穿上了政治正确的外衣。视频快结束的时候，主持人问观众：我们是不是说得太久了？您现在一共听了8分46秒，这就是美国警察用膝盖压在弗洛伊德脖子上的时间。

我能理解德国要在道义上声援美国的反种族主义运动，但是，在今天的德国，为什么对种族主义的反思只被简化为一个向美国看齐的讨论？为什么不把反思深入到德国自己并不遥远的历史语境？德国没有蓄奴史，殖民史也短，但是纳粹对犹太人的种族灭绝，难道不是种族主义在貌似科学的体系中和意识形态的保护下对人类犯下的极端罪恶？为什么纳粹建立的伪人种论在这场关于种族主义的讨论里缺位？新纳粹到今天还是德国极右翼中的一股势力，尽管他们的主攻对象不是黑人，而是中东难民。为什么没有人把新纳粹问题放到当前的反种族主义框架中讨论？

也许因为德国没有美国的痛，尤其在当前，种族主义远不构成德国社会的主要矛盾，社会整体的宽容度还允许各色人种在磕磕碰碰中和平共生。这里也不存在美国社会的分裂，德国几个大党虽然也吵嘴，但都秉持共同的民主价值观，没有一个铁了心要把社会引向两极对立的政治领袖。至于目前的讨论没有被"德国特色化"，可能是关于纳粹的反思依然是这个社会每日的功课，遏制新纳粹的非法性依然是德国联邦政府的要务。

据我观察，唯一带德国特色的反思，就是深究18世纪的思想启蒙运动。它的代表人物康德是一名种族主义者吗？康德还真写过一些含种族歧视的言论，这本来是学术圈里的公开秘密，现在被捅到了社交媒体上。"但这不构成他的思想核心，"柏林大学的一位哲学家出面解释，"晚年的康德已经用世界公民的普遍史观克服了自己早期思想中的偏见。"激辩几周之后，康德幸存下来。我默念他那句诗一样的名言："这世上有两样东西值得我们深深敬畏，那就是头顶的星空和我们心中的道德律。"运动的暴风雨过后，世界会清明起来吗？

为什么是橡树

20 世纪 80 年代初期，我进了初中。一天放学后，听说有语文课外小组，我就去旁听了一次。年轻的女老师带着大家朗诵普希金的诗："假如生活欺骗了你 / 不要忧伤 / 不要心急 / 忧郁的日子里需要镇静。"我那个刚刚结束的童年，基本上由革命小人儿书、战争电影和一场地震组成，这样奇怪的诗句让我灵魂出窍，整个人顿时被它浇灌成了另一品种的祖国花朵。

就在我被普希金洗脑的那一年，远在德国的卡塞尔，有位帽子不离头的艺术家也给西德人民洗了脑，他就是大名鼎鼎的约瑟夫·博伊于斯。第七届卡塞尔文献展开幕前，他运来 7000 条粗粝凹凸的玄武岩，卸在了文献展的主场门口，也就是卡塞尔的"天安门广场"——弗里德里希广场上。当时的卡塞尔是座光秃秃的城市，没什么绿色。博伊于斯从"社会塑造"理念出发，策划了"城市造林取代城市行政"的公共艺术项目，号召政府和市民为卡塞尔种下 7000 棵橡树。每种下一棵橡树，就可以从广场上搬走一块岩石，立在橡树的边上做记号。树种得越多，横尸遍野般的石块就能从广场上消失得越快，城市便恢复它原有的秩序。博伊于斯的宗旨，是用艺术干预政治和社会生活，用挑衅的方式打破常规制造混乱，在公民中激发争论带动参与，最后共同抵达一个更完善的城市新格局。

卡塞尔人一共花了 5 年时间，种完了 7000 棵橡树。最后一棵是博伊于斯的儿子种下的，因为艺术家本人没等项目收尾就去世了。这些树有的种在马路两侧，为卡塞尔搭出了好多条林荫道，有的种在机关、学校、公司、体育场的大院里，还有一些私人花园里也种上了，总之遍布城市的各个角落。如今走在卡塞尔，只要看见树边立着一块长方形的石块，就知道这棵树属于博伊于斯的"7000 棵橡树"计划。

博伊于斯的前卫性在于，早在 1982 年，他就预见到了 2020 年的人类困境。除了面临全球气候变迁的危机，我们的世界正滑向极大的不确定性中。瘟疫统治着经济和社会生活，疫苗会不会被研发出来让我们重获自由？议论中美开战可能性的嗡嗡声越来越大，我们还能用理性维护一个和平的 21 世纪吗？博伊于斯相信，树木就像是一个为人类生长出来的外部器官，帮助倾听只有人类才有的痛苦和烦忧，它接收到的人类苦难信息比人自己体会到的还要多。树木和岩石的搭配，象征着一种超强的坚定性和隐而不发的力量。无论发生什么，它们都不动摇，不逃离，而且，橡树和岩石的结盟不可拆分。他认为，人类需要这样一个象征物来坚定对和平的信念，也

爱生活如爱啤酒

需要氧气和阴凉。

卡塞尔人跟博伊于斯争论过，为什么要种 7000 棵橡树，700 棵怎么就不行。但从来就没有人质疑过，为什么他种的是橡树，而不是别的树。他也不做解释。要知道，橡树是一种生长极缓慢的树种，头一百年只能长到 5 米高，树干只有胳膊粗。它要花漫长的时间扎根和蓄力。在我看来，这似乎是德国人之间的默契，是不言而喻的。橡树和德国，德国和橡树，可以混为一谈。对古日耳曼人来说，橡树就是永恒的象征，有生命之树的美誉。今天的生物学研究证明，橡树的生命周期相当于 30 代人类寿命。一个大树冠能滋养上千种昆虫生存，橡树的果实是松鼠的最爱。它的树皮格外坚韧，在旷野上随处可见被雷电烧焦的树干，但无损整棵橡树枝繁叶茂。

我第一次听说橡树，是在舒婷的一首爱情朦胧诗里。除了使用伟岸的身躯和铜枝铁干这些笼统的男性隐喻，她几乎没有描写橡树长什么样子。可能她写诗的时候也没有见过真的橡树？很长时间内，我们对世界的认知是通过文字建构的，既没有二手的图像，更没有一手的亲历，但这丝毫不影响我们产生强烈感知。所以，当我后来到了德国，第一次和之后每次看到橡树，都跟它有种老相识的感觉，就像遇到我的北京老乡槐树和柳树，只是橡树的气场更强大。

2019 年 10 月 9 日是犹太教的重要节日赎罪日。68 位犹太教徒聚在德国城市哈勒的犹太教堂里举行庆祝仪式。一个名叫巴里尔特的极右翼分子谋划了一场血洗犹太教堂的行动。出发前，他在社交媒体上发表了反犹宣言和屠杀方案。到达教堂门口后，他头戴摄像头，准备给自己的屠杀行动发布直播。他只有一点没有想到，就是持枪携弹的他怎么也冲不进教堂，因为门是锁着的，连子弹也冲不开。恼羞成怒下，他射杀了两个附近的路人。这是德国近年来发生的最严重的一起反犹事件。

哈勒犹太教堂的门已经很老了，是橡木做的，被子弹打得伤痕累累。前几天换了新门，木匠说，新门比老门还要结实，是用6.5厘米厚的橡木做的，两个壮汉才抬得起。拉比说，老门不会扔掉，正是这扇老橡木门保护了全城的犹太人免遭杀害。

爱生活如爱一杯啤酒

就连在德国这种不识空调的国家，今年的夏天都变得酷热异常。我们被疫情搞得很尴尬，一只脚伸进了 5G，另一只脚却被掰回了前工业时代。但就是这种被强制放缓的生存状态，也抑制不住全球气候变暖的趋势。印度裔德国气候学家拉提法说："当我们意识到气候变迁并想勉强做出改变时，为时已晚，能做的就是，除了保持乐观，还是保持乐观。"

他的话让我联想起加缪的一个观点：生活荒诞而无意义，但正因为如此，反而更值得去经历。我用被热得发昏的大脑继续揣摩加缪的意思：既然看不到伟大的前程，就放弃前程非伟大不可的臆想，活着的意义也许就建筑在跟某些概念的脱钩上。

比如，我们完全可以爱生活如爱一杯啤酒。还有比在三四十摄氏度的高温天手捧一杯清凉的啤酒更爽快的事吗？有。那就是坐在啤酒花园里，和一群可以掏心掏肺的朋友共饮。德国人说，最可口的啤酒，既不是黑啤，也不是白啤，扎啤也不是，而是和朋友一起喝的那杯（复数）。

北京亮马桥燕莎商圈有一个德国啤酒花园，在一块光溜溜的水泥地上，摆上桌椅，支起阳伞。只要把桌椅和阳伞收走，那个地盘可以眨眼间变成停车场。而真正的德国啤酒花园，长得跟亮马桥的那个很不一样。首先，不支阳伞，却比阳伞更阴凉。人们坐在一棵棵七叶树下，被它宽柔的大叶子遮掉直晒阳光，还享受它蒲扇一样撩拨过来的清风。七叶树是板栗树的一种，只是它结的栗子不能食用。它长得很快，用不了几年就能蹿到20米，使得啤酒花园的长成无须漫长的等待。其次，坐在真正的啤酒花园里是踩不到水泥的。谁有本事把七叶树种在水泥上？啤酒花园的地面铺的是碎石子，石子下面是泥土。

为什么真正的啤酒花园要由七叶树和碎石子地构成？这跟16世纪德国啤酒酿造重镇慕尼黑有关。春夏是那里的火灾频发期，特别是由酿酒锅炉引发的多起特大火灾，把慕尼黑内城密集的木构造房屋一烧而光。巴伐利亚公爵由此下令，每年4月23日至9月29日为禁酿啤酒季。政治家出于对民生安全的考虑，禁掉了一项重要的民生享受。需要说明的是，直到禁令颁布时，德国啤酒都是现酿现喝的。想啤酒想得发疯的巴伐利亚人，于是开动脑筋琢磨，如果春夏不让酿酒，那怎样才能在这些最口渴的月份里仍然喝到啤酒呢？

德国建筑跟英法甚至中国截然不同的地方，就是盖房必建地窖，啤酒作坊更不在话下。冬天，巴伐利亚人把低度发酵的啤酒储藏在作坊的地窖里，从芬宁堡运河和阿尔卑斯山凿出200多公斤的大冰块，垫在地窖里的啤酒木桶下。同时，他们发现，七叶树不仅长得快，而且树根生得广而浅，特别适合种在储酒的地窖附近。因为它的根不会扎透地窖的拱顶，还联手大树冠，共同维护地窖的清凉。有的酿酒作坊开始在七叶树下铺上碎石子，这样可以把木桌木椅摆得稳当，而从地窖到木桌，端上来的啤酒走的可是史上最短运输路线，一个"鲜"字了得！感谢这道酿酒禁令，让德国的啤酒花园应运而生。直到今天，啤酒花园仍是德国人心爱的消夏场所，即便疫情拉开了桌椅板凳的距离。

建立在工业化生产上的啤酒业，可以让亮马桥的啤酒花园尽管长在水泥地上，但端上来的扎啤都是正宗的德国口味。如果我们愿意放下矫情，忍住对七叶树和碎石子的迷恋，也仍然有办法直达德国啤酒花园的真髓——对自由的渴望。"自由"这个词貌似很政治，其实不也是一个人安居乐业后身心踏实放松的状态吗？尤其在德国的啤酒花园里，茂密的七叶树下一坐就是几百人，同桌的可能是大学教授和卡车司机，家庭妇女和科技直男，喝高兴了，搭讪一下，就能天南地北聊起来。啤酒花园有一时泯灭阶层感的功能，但绝不是借酒消愁的地方，也没人喝到桌子底下——可能因为啤酒度数低；看不到劝酒的，碰碰杯可以，全图自在；更没有为领导挡酒或诌媚讨好他人的场面。不是说了吗？阶层感都泯灭了。

这个夏天很乱，不但疫情汹涌，世界各地的地缘政治争端也格外激烈。中国人一股脑关注中美关系恶化，殊不知德国也在受美国的气。因不满德国对北约的贡献，这个"二战"后德国最重要的盟友，无视德国的军事地位受损，断然从德国大批撤军。除了翻这个白眼给德国看，美国还高压制裁德国和俄罗斯共建的北溪天然气项目，用政治手段为本国争夺经济利益。有德国媒体开始把美国戏称为"我们朋友圈里最亲爱的敌人"。

尽管如此，到了喝啤酒的时候，德国人照样高举美国伟人本杰明·富兰克林的一句名言："啤酒证明了上帝爱我们，且希望我们幸福。"

黑格尔离我们并不远

　　最近听德国一位有名的数字化专家谈量子计算机，居然连带上了黑格尔。这情景颇像 20 世纪 90 年代的美国科幻剧《星际迷航》，挤巴巴的飞船里偏安排了两位捧读黑格尔的宇航员。最难懂的黑格尔会偶尔现身于一些意想不到的场景。据说，跟外行解释明白量子计算机需要一整天的时间，而简言之则是，普通电脑在集成电路中通过电路通断来实现 1 和 0 的区分，而量子计算机打破了这种我们越来越惯用的非此即彼、非对即错的逻辑。量子的两态可以同时既在此又在彼，吻合了黑格尔的辩证法。对矛盾对立面的统一思考，属于黑格尔哲学的基本特征。

　　尽管在过去上百年里，黑格尔在西方思想界屡遭误读和污名，既被骂成"死狗"，也被有的学者定性为极权主义的奠基人。他包罗万象的哲学体系，试图给世界和人类一个终极解释，却因大而全丢失了某些活性，导致他自己成了体系哲学的建立者和终结人。在他身后，解构哲学和远离形而上学的实用哲学日益盛行。但是到了 2020 年，黑格尔 250 周年诞辰之际，德国当代的哲学家们都不约而同地呼吁，重新解读黑格尔的时候到了。

学者们发现，解构哲学和实用哲学努力了半天，也并没能回答被他们否定的体系哲学提出来的关键问题。尤其是进入 21 世纪，人类深陷一个从全球化走向去全球化的分裂境况。与这个经验世界并行的，是我们的认知也变得碎片化，导致大脑思维倾向于走极端，处理复杂性的能力也受损。当我们面对一个有生物性又非生物的病毒，当我们被要求居家办公又兼坐办公室，当大国间的利益纷争裹挟着价值观的站队……大小事都变得复杂起来，模糊了我们脑图里原本刻好的边际。为什么需要黑格尔的回归？他对世间永恒的矛盾运动总结了规律，他为无惧思考复杂性做出了榜样。人们都在追问他的当代性，期待借助他的思想支撑，渡过这次世界性的精神危机。

虽然黑格尔做的是最抽象、最形而上的第一哲学，又总是死磕概念、范畴、逻辑、体系并深得其乐，但人们发现，他跟康德不同的地方在于，他不是象牙塔思想家，他的哲学与他身处的动荡现实不失隐秘的关联。尽管他的现实跟我们的隔着 200 年，却居然也有可比性，于尔根·考贝尔这样说。考贝尔今年 58 岁，是《法兰克福汇报》的出版人。他高中毕业那年，父亲送了他一套《黑格尔全集》。40 年读下来，他在今年完成了引人注目的传记——《黑格尔的世界》。

他说，黑格尔的世界，除了没有数字化，其他的都和今天差不太多，也就是说，现代社会已经初具模型，工业化和金融体系有了，法制、艺术和思想启蒙也有了。黑格尔19岁在图宾根读神学时，法国大革命爆发，他跟法国的朋友们实时交流形势发展。他还经历了拿破仑战争，博士论文写的是行星间的距离。在柏林大学当教授和校长期间，他每周要讲10个小时的大课，从哲学史、法哲学原理一直到数学。听众除了大学生，还有普鲁士的上层精英。为了让自己的书能通过审查出版，他要和普鲁士官员斗智斗勇，难免给今天的某些解读留下陷阱。他还找律师、交赎金，营救那些被普鲁士当局关进监狱的思想自由的学生。大学主楼里，学生们在墙上涂鸦，画的全是他在演讲中蹦出的名句。他有时讲完课就直奔歌剧院，心里放不下对莫扎特和罗西尼的迷恋。他喜欢旅游，到了巴黎还给朋友们寄明信片。可以说，黑格尔生活在其中并进行观照的世界，其实趋近我们今天的这个世界。考伯认定，黑格尔是个现代人，离我们并不远，我们急需重拾这个思想宝藏。

可以说，德国当代黑格尔学者的研究虽然各有侧重——有强调黑格尔的自由概念的，有重申复杂思辨能力必要性的，有创意解读辩证法的——但他们达到的共识，实现了黑格尔欣赏的多样性统一。今天的我们，格外需要他的整体观理论来帮助我们重建世界各局部间失落的有机联系；我们也需要他的否定之否定学说，来梳理政治家口里充斥的自以为是，并坚信认知只有在矛盾中螺旋上升，才能达到对立统一的新高度。黑格尔不信任漂浮在时间表面的众人意见，这一点在今天也引起格外的共鸣。我们跟随他重新思考自由与理性的依存关系，重读他最后一堂哲学课上学生记的笔记：自由是最为内在的，只有通过它，精神世界的全貌方得以浮出水面。4天后，黑格尔死于霍乱。

嫁给他之前，黑格尔夫人在给他的一封情书里，提到"我对你的爱 / 你对我的爱"。黑格尔在回信中纠正道，这个说法不符合辩证法，你只关注到了爱的差异，却从而分割了爱，把差异扬弃到一个更高的层面吧，那里是"我们的爱"。爱是一个整体，在"我们的爱"里，一切都会变得真和善。